Eva Hauck · Dorina Tessmann

PAPIERE schöpfen & gestalten

Haupt
GESTALTEN

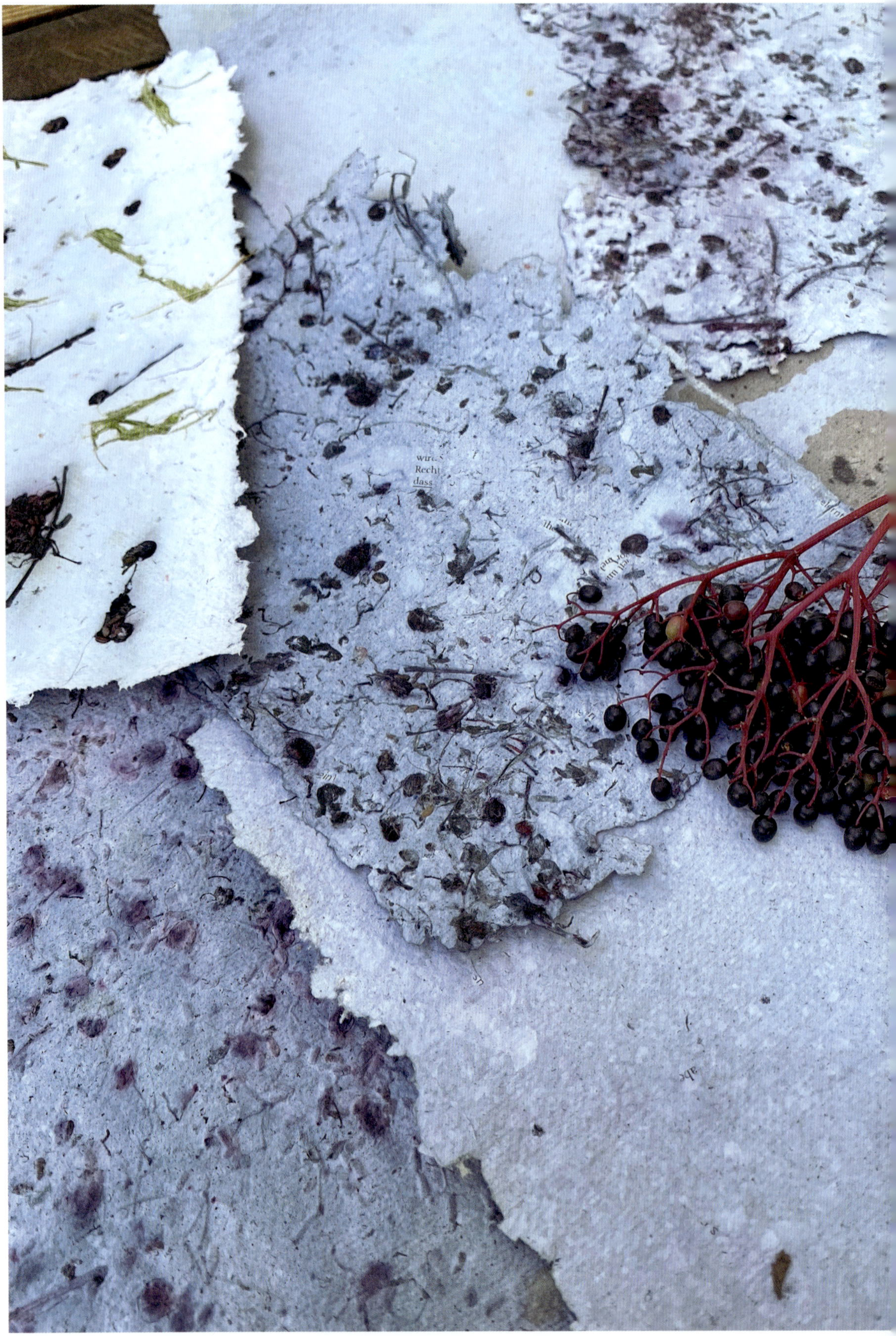

Eva Hauck · Dorina Tessmann

PAPIERE schöpfen & gestalten

Projekte aus Altpapieren und Pflanzen

Haupt Verlag

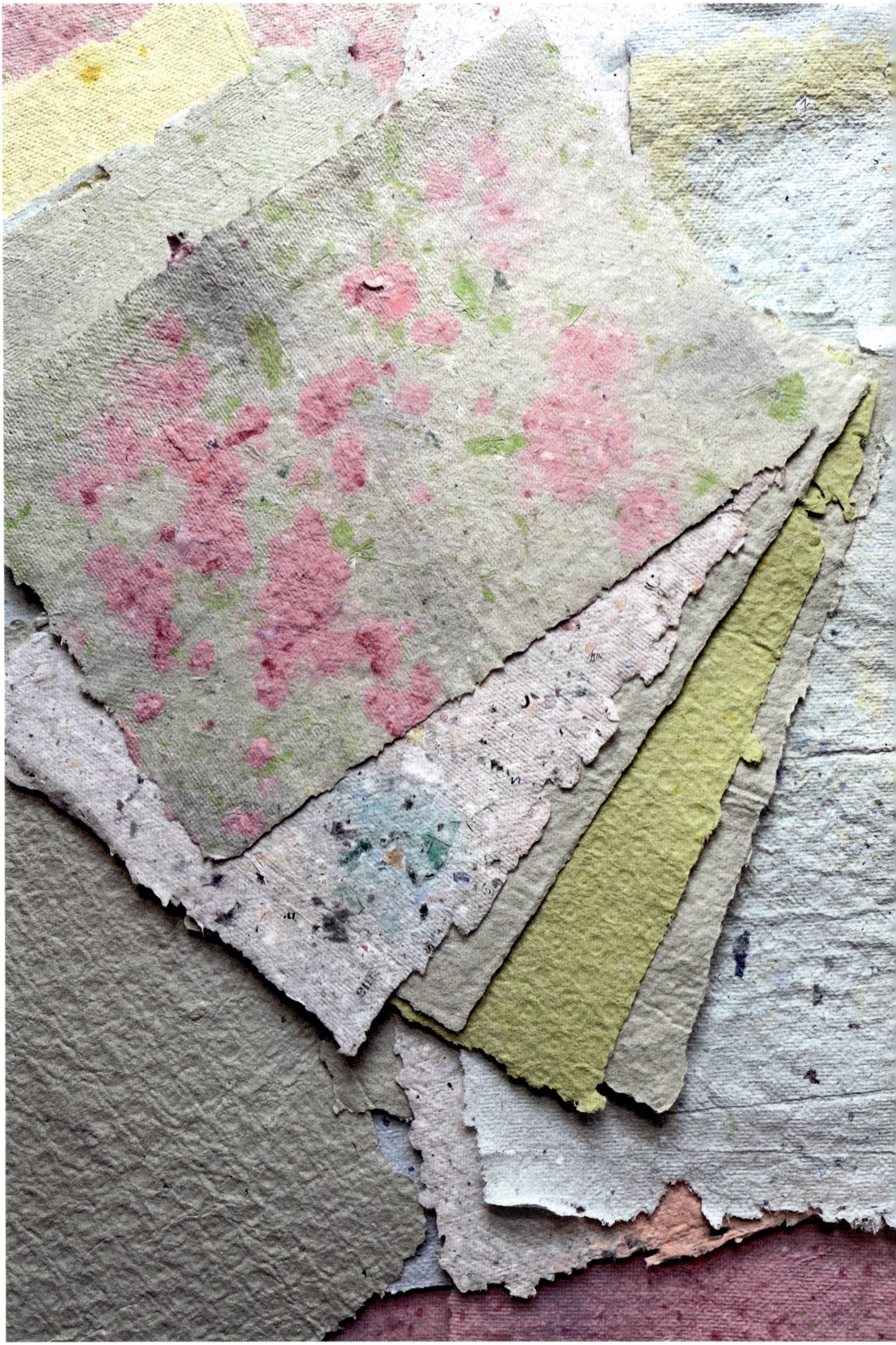

INHALT

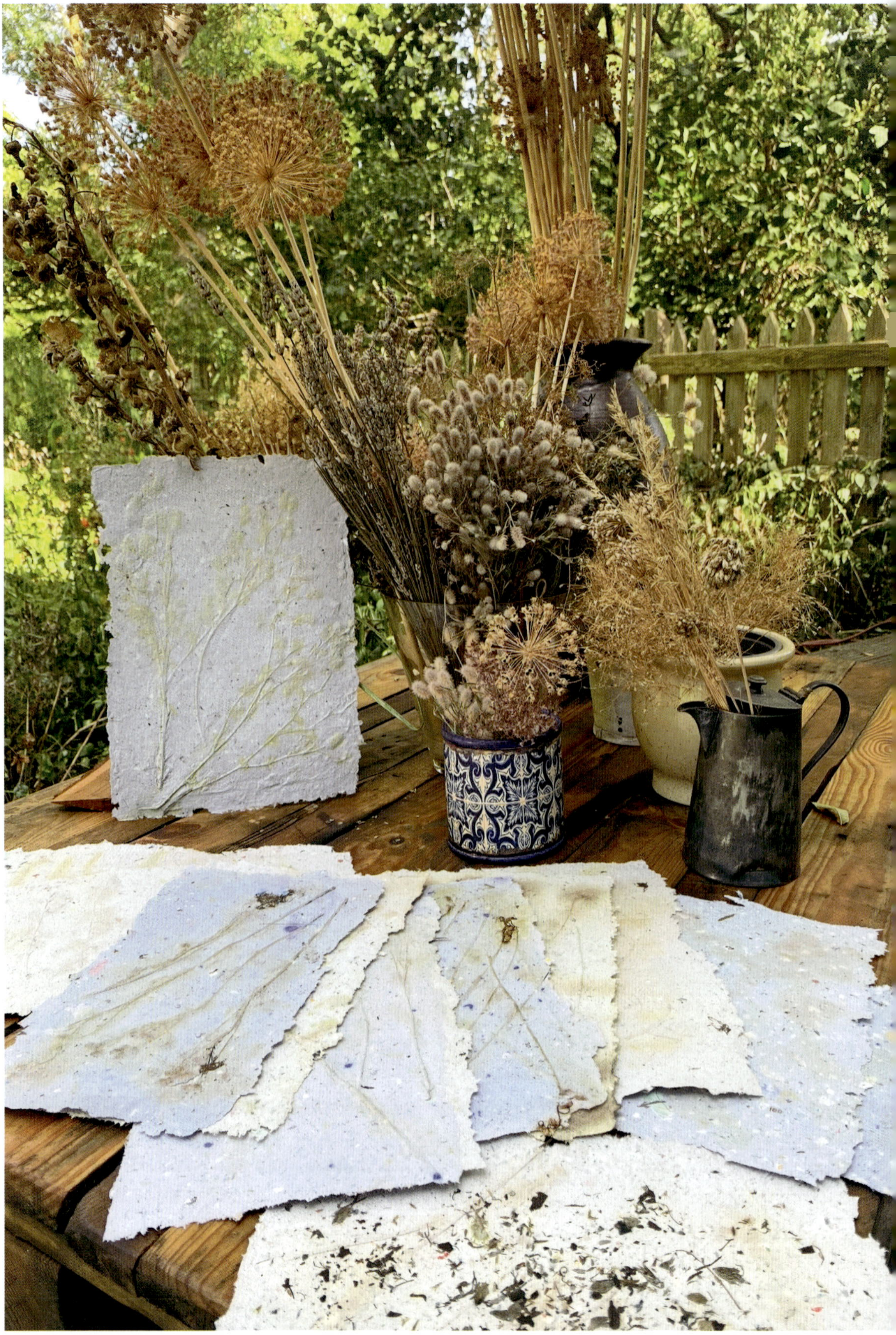

EINLEITUNG

Im Atelier und im Redaktionsbüro haben wir täglich mit Papieren zu tun. Noch vor wenigen Jahren hätten wir unsere Berufe als Illustratorin und Lektorin ohne Papier gar nicht ausüben können. Infolge der Digitalisierung hat sich unsere Abhängigkeit von Papier zwar verringert, aber wir können und wollen auch heute nicht ganz auf Papier verzichten. Wir möchten unsere Nasen weiterhin in Bücher stecken, den Geruch des Papiers wahrnehmen und beim Umblättern und Darüberstreichen spüren, wie es sich anfühlt. Wir möchten auch zukünftig auf Papier malen, zeichnen oder schreiben und nicht nur am Rechner. Dennoch ist uns klar, dass wir Dinge ändern müssen.

Der Papierkonsum in Deutschland ist in den letzten Jahren leicht rückläufig, doch noch immer werden unglaubliche 18 Mio. Tonnen Papier im Jahr verbraucht. Zwar wird sehr viel Papier recycelt, aber es mangelt an einem allgemeinen Bewusstsein dafür, dass es nicht reicht, eifrig die Papiertonnen zu bestücken, sondern der Papierverbrauch insgesamt reduziert werden muss, um Ressourcen zu schonen und die Belastung der Umwelt so gering wie möglich zu halten.

Als wir vor etwa einem Jahr mit der Arbeit an diesem Buch begonnen haben, haben wir auch angefangen, Altpapier zu sammeln, das sich zum Schöpfen eignet. Wie schnell wir Berge von Papier beisammen hatten, hat uns erstaunt. Einseitig bedrucktes Kopierpapier, Briefumschläge, Notizzettel – dass sich davon im Laufe der Zeit einiges im Redaktionsbüro anhäufen würde, damit hatten wir gerechnet. Aber es kamen in unseren Privathaushalten auch sehr große Mengen an Verpackungsmaterial zusammen, obwohl wir uns nur auf Papier beschränkt und alle Kartonagen aussortiert haben.

Die Beschäftigung mit unserem persönlichen Papierkonsum hat bei uns zu einem bewussteren Umgang mit Papier geführt. Papiere werden nun mehrfach verwendet oder beidseitig bedruckt, wann immer es möglich ist. Wir kaufen unverpackte Waren auf lokalen Märkten und nutzen nur Hygienepapiere aus Recyclingpapier. Wir haben unseren persönlichen Papierverbrauch deutlich reduziert sowie neue Strategien für die Wiederverwertung von gebrauchten Papieren entwickelt – und unsere Begeisterung für den Wertstoff Papier ist dadurch noch größer geworden.

Wie das Schöpfergebnis ausfällt, ist jedes Mal spannend.

Natürlich steht das Recycling beim Papierschöpfen nicht im Vordergrund. Es geht darum, etwas Schönes herzustellen, zu experimentieren und neue Techniken auszuprobieren. Was uns großen Spaß macht, ist unter anderem das Unkalkulierbare des Schöpfprozesses: Farben verändern sich nach dem Trocknen des Papiers, Einschlüsse oder Prägungen sind manchmal dominant, manchmal kaum zu erkennen, aus Pflanzen geschöpfte Papiere sind bestens nutzbar oder brüchig und können nur bedingt weiterverarbeitet werden … Wie das Schöpfergebnis ausfällt, ist jedes Mal spannend.

In diesem Buch erläutern wir die Basics des Papierschöpfens. Alle Arbeitsschritte werden so einfach erklärt und durch Fotos veranschaulicht, dass Einsteiger:innen die Ausführungen ohne Schwierigkeiten nachvollziehen können. Neben der Vorbereitung und den Grundlagen spielen weitere Techniken wie das Schöpfen von Pflanzenpapieren, das Färben, das Einarbeiten von

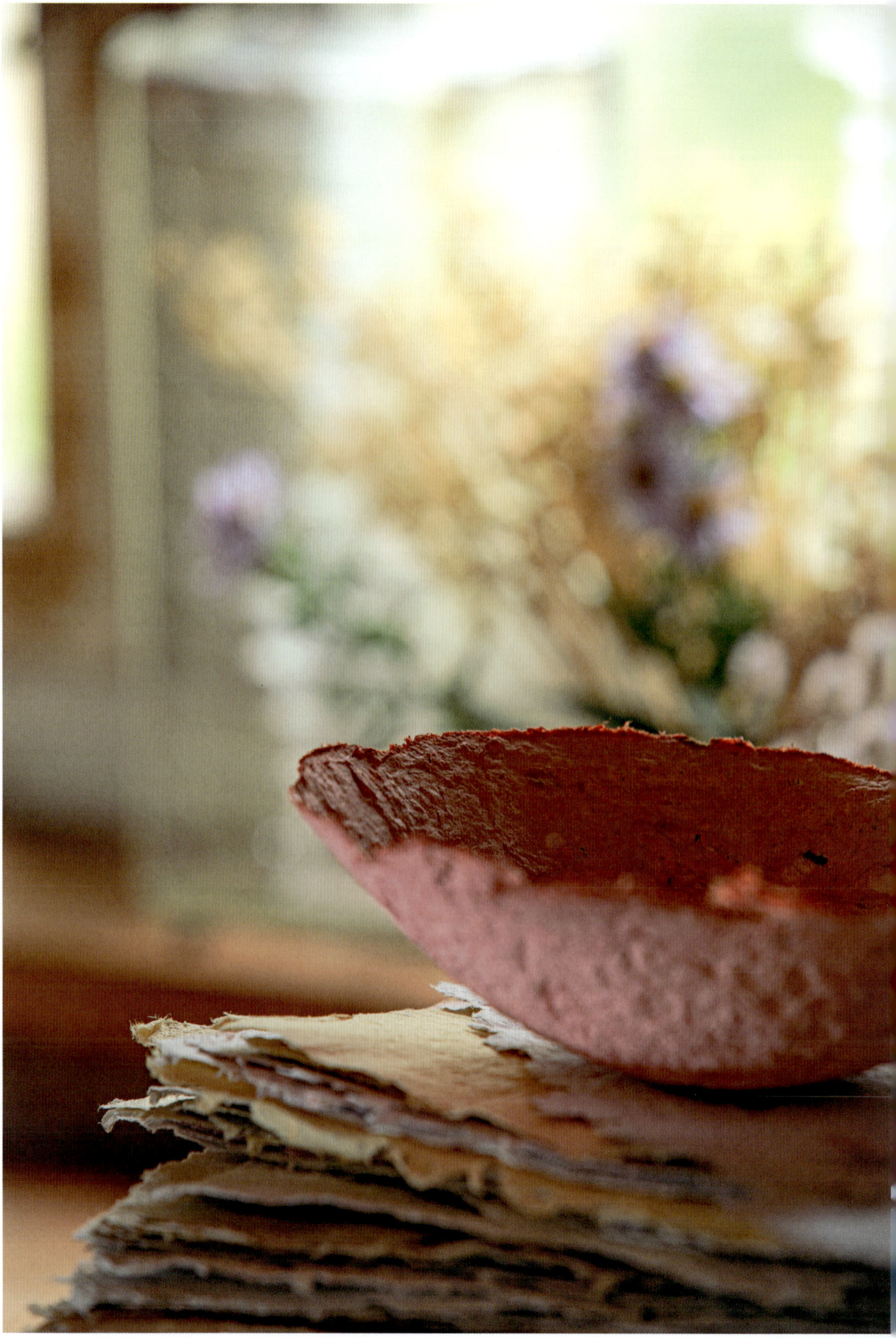

Einschlüssen und das Prägen eine Rolle. Jede Technik wird anhand eines Beispiels erläutert und in großen Schritt-für-Schritt-Fotos präsentiert. Sie sollen eine Idee von den Möglichkeiten vermitteln, die sich mit der jeweiligen Technik bieten, und zu eigenen Experimenten anregen. Insbesondere das Schöpfen von Papieren aus Pflanzenmaterial und das Färben der Papiere mit Naturfarbstoffen können hier nur in Ansätzen gezeigt werden. Lassen Sie sich von den Beispielen inspirieren und entwickeln Sie die Ideen weiter oder beschreiten Sie völlig neue Wege der Gestaltung.

Irgendwann beginnt man sich zu fragen: Was fange ich mit meinen schönen Papieren an?

Auch wenn die Begeisterung beim Schöpfen noch so groß ist, irgendwann beginnt man sich zu fragen: Was fange ich mit meinen schönen Papieren an? Deshalb liegt ein zweiter Schwerpunkt des Buches auf Projektideen. Die Weiterverarbeitung der handgeschöpften Papiere zu Karten, Tüten und Geschenkpapieren, Faltschmuck, Collagen, Heften und Mappen erklären wir ebenfalls an einzelnen Beispielen Schritt für Schritt. Am Ende gehen wir über das Verarbeiten von zweidimensionalen Papieren hinaus und beginnen mit dem Modellieren dreidimensionaler Objekte. Ausgangsmaterial ist auch hier eine einfache Papierpulpe, der jedoch bei einigen Projekten Tapetenkleister als Bindemittel zugesetzt wird. So entsteht elastisches und nach dem Trocknen besonders stabiles Papiermaché, mit dem sich Objekte frei formen, aber auch Gegenstände abformen und Unterkonstruktionen ummanteln lassen.

Einen schönen Abschluss des Buches bildet eine Galerie, die Kunstwerke aus handgeschöpftem Papier versammelt. Die Künstlerinnen Traudel Stahl, Eva Gora, Marlis Maehrle, Alexandra Deutsch und Tabea Heinicker loten die beeindruckenden Möglichkeiten aus, die handgeschöpfte Papiere bieten, und finden eine Vielzahl unterschiedlicher Ausdrucksformen.

Viele der Pflanzenpapiere für dieses Buch sind im Sommer entstanden, als wir zusammen ein Wochenende in einem kleinen Gartenhaus auf dem Land verbracht haben. Das Schöpfmaterial, wie Irisblätter, Rhabarberblätter, Holunder und Brennnesseln, wuchs direkt vor der Haustür und wartete nur darauf, gepflückt und zu Papieren verarbeitet zu werden. Das Arbeiten mit Wasser sorgte für Abkühlung und nach dem Absieben der Pulpe konnten wir mit dem restlichen Wasser aus der Schöpfwanne sogar noch einen Teil der Gartenpflanzen gießen. An einer Wäscheleine hinter dem Haus aufgehängt, trockneten die Papiere in null Komma nichts und die Papierausbeute war riesengroß. Wir können ein solches Arbeitswochenende unbedingt zur Nachahmung empfehlen.

Hat eine der Techniken oder ein Modell in diesem Buch Sie neugierig gemacht? Dann nichts wie ran! Setzen Sie Pulpe an, greifen Sie zum Schöpfrahmen und beginnen Sie im wahrsten Sinne des Wortes schöpferisch tätig zu werden.

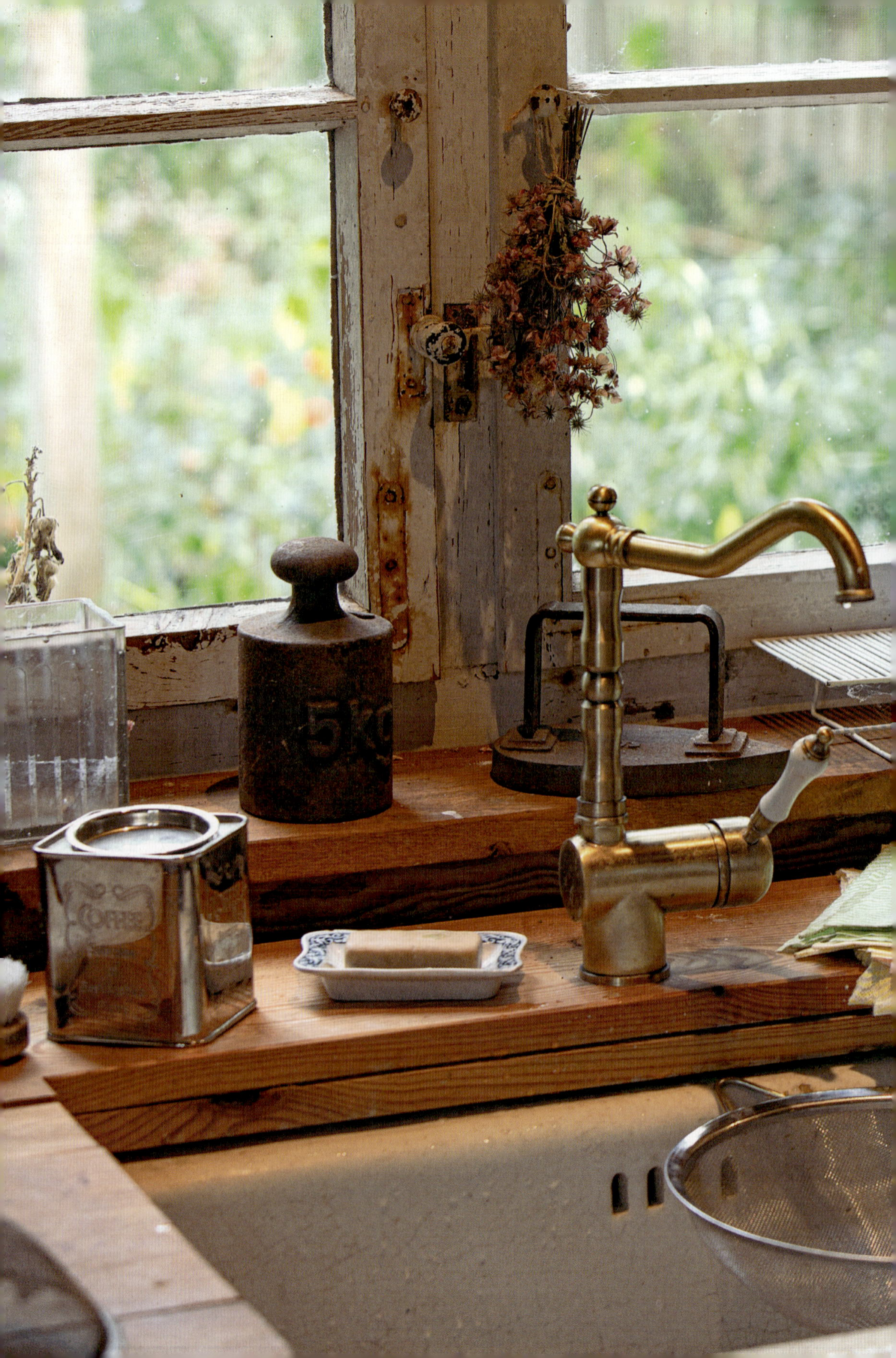
COFFEE

VORBEREITUNG

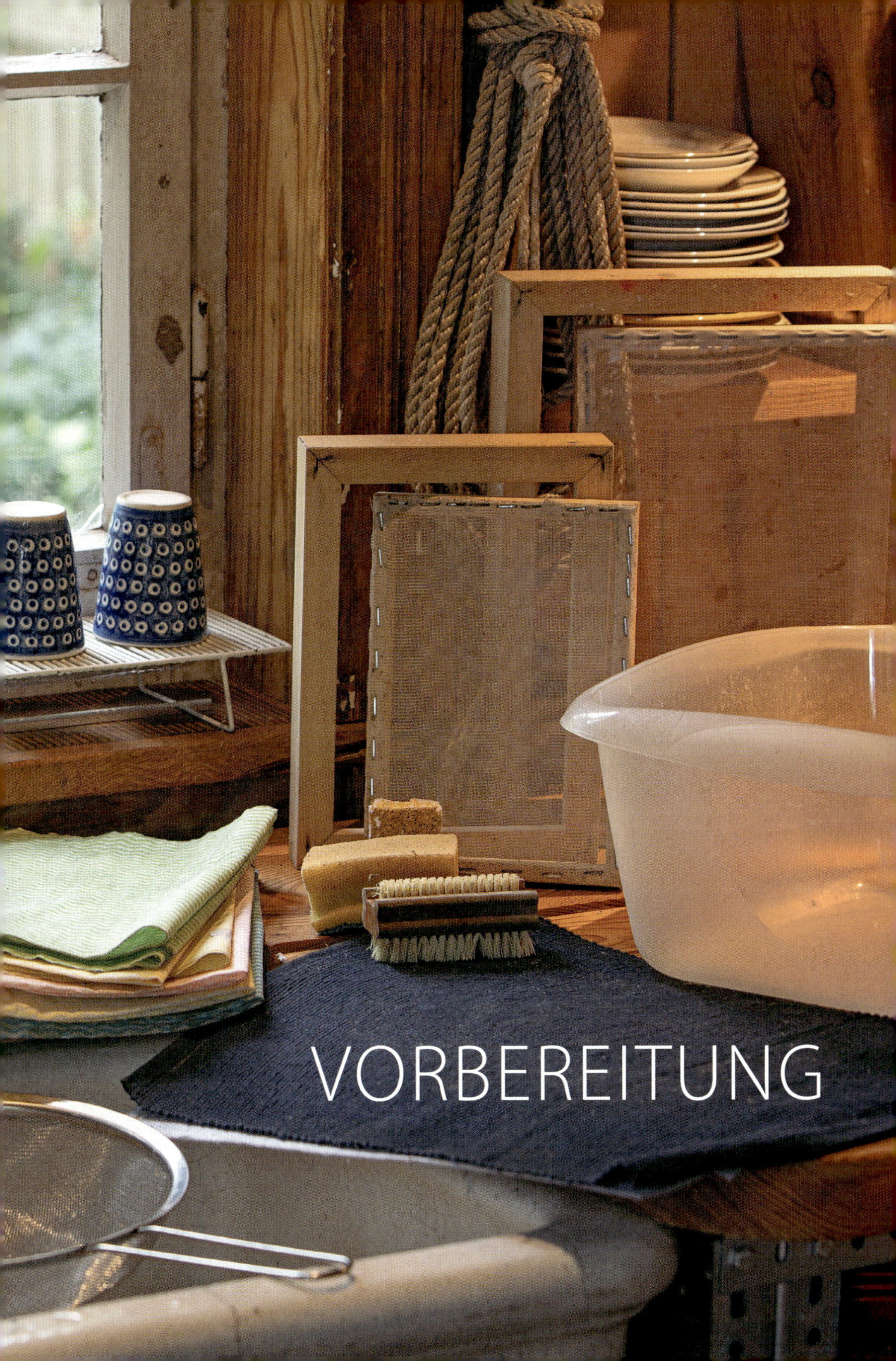

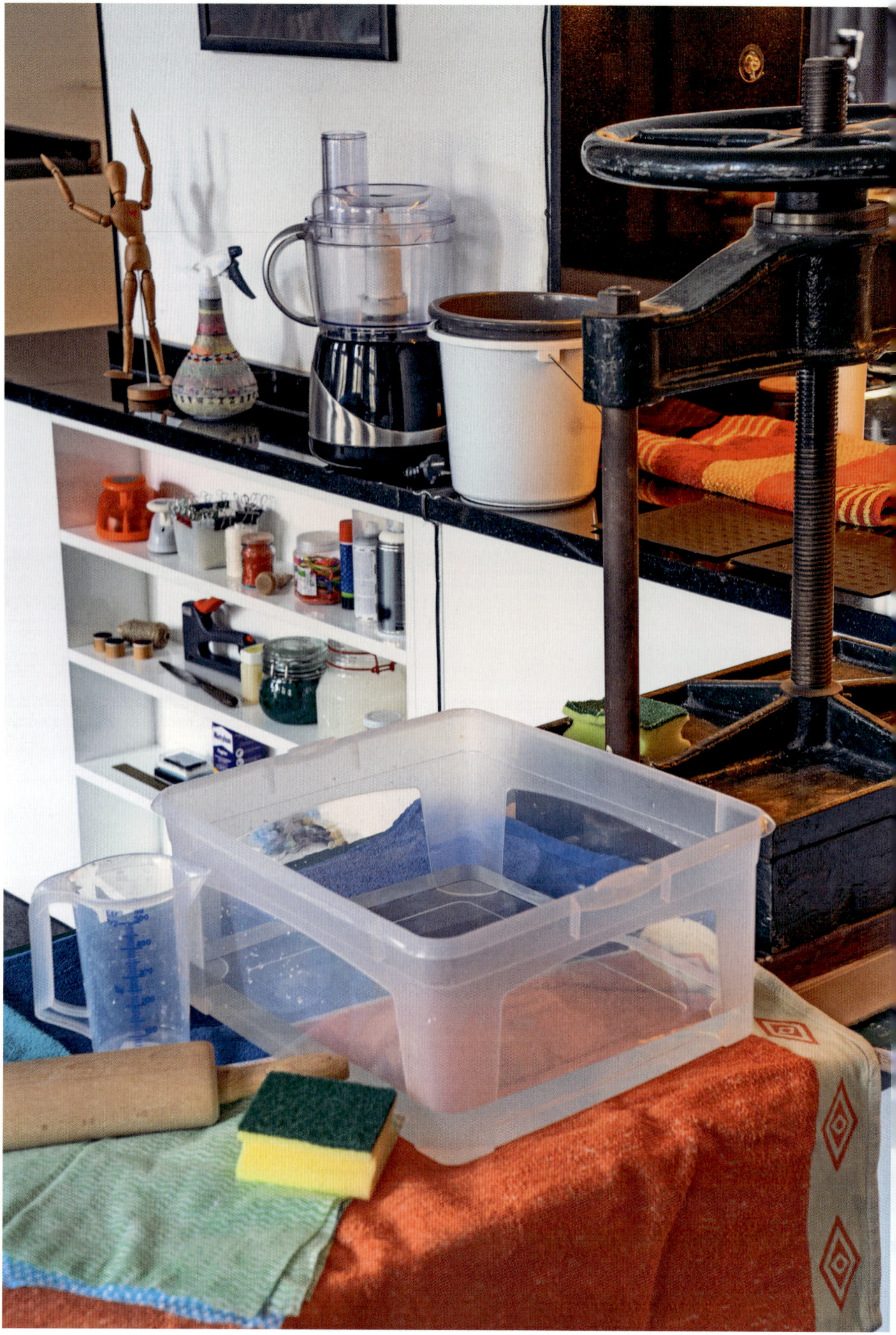

Den ARBEITSPLATZ einrichten

Fürs Papierschöpfen braucht man viel Wasser. Das heißt, Sie sollten Ihren Arbeitsplatz dort einrichten, wo ein Wasseranschluss vorhanden ist: z. B. in der Küche, im Bad, in einem Werkraum oder – an warmen Tagen ideal – im Freien in der Nähe des Gartenschlauchs.

Auf Ihrer Arbeitsfläche muss ausreichend Platz für mindestens zwei Arbeitsprozesse sein: für das Schöpfen in der Schöpfwanne und das Abgautschen auf Gautschtücher. Bedecken Sie die Fläche am besten mit einer wasserfesten Unterlage, beispielsweise einer Kunststoffmatte. Schützen Sie die Fläche zusätzlich durch Handtücher oder Zeitungen. Handtücher oder Tischsets aus Stoff dienen zudem als weiche Unterlagen beim späteren Abgautschen.

Halten Sie Handtücher griffbereit: Sie brauchen sie ständig, um das herausgepresste Wasser aufzufangen.

Gepresst wird im Rahmen des Schöpfvorgangs zweimal: einmal, um das Wasser aus dem Pauscht, dem Stapel aus nassen Papieren und Gautschtüchern, herauszudrücken, und ein zweites Mal nach dem Trocknen, um die Papiere zu glätten. Sollte Ihnen keine Presse zur Verfügung stehen, benötigen Sie auf Ihrer Arbeitsfläche zudem noch Platz, damit Sie das Nudelholz einsetzen können. Halten Sie immer genügend Handtücher griffbereit, die das mit der Presse, diversen Gewichten oder dem Nudelholz herausgedrückte Wasser auffangen.

Das Trocknen der Papiere kann liegend oder an einer Wäscheleine hängend geschehen. Zum anschließenden Glätten setzen Sie wieder die Presse ein oder beschweren die Papiere mit Gewichten. Es ist auch möglich, die gewellten Papiere zwischen Baumwolltüchern zu bügeln.

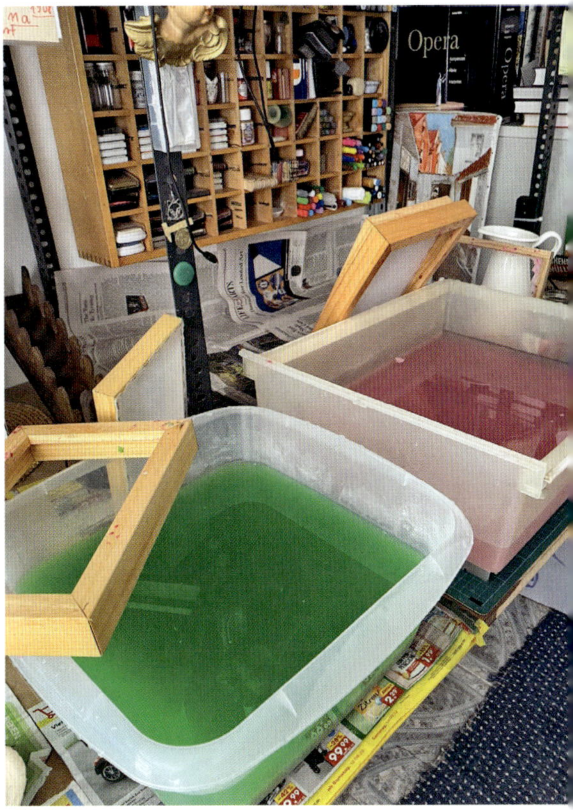

Sollen verschiedenfarbige Pulpen zum Einsatz kommen (siehe z. B. von zwei Seiten geschöpftes Papier auf Seite 60), wird sogar Platz für zwei Schöpfwannen auf der Arbeitsfläche benötigt.

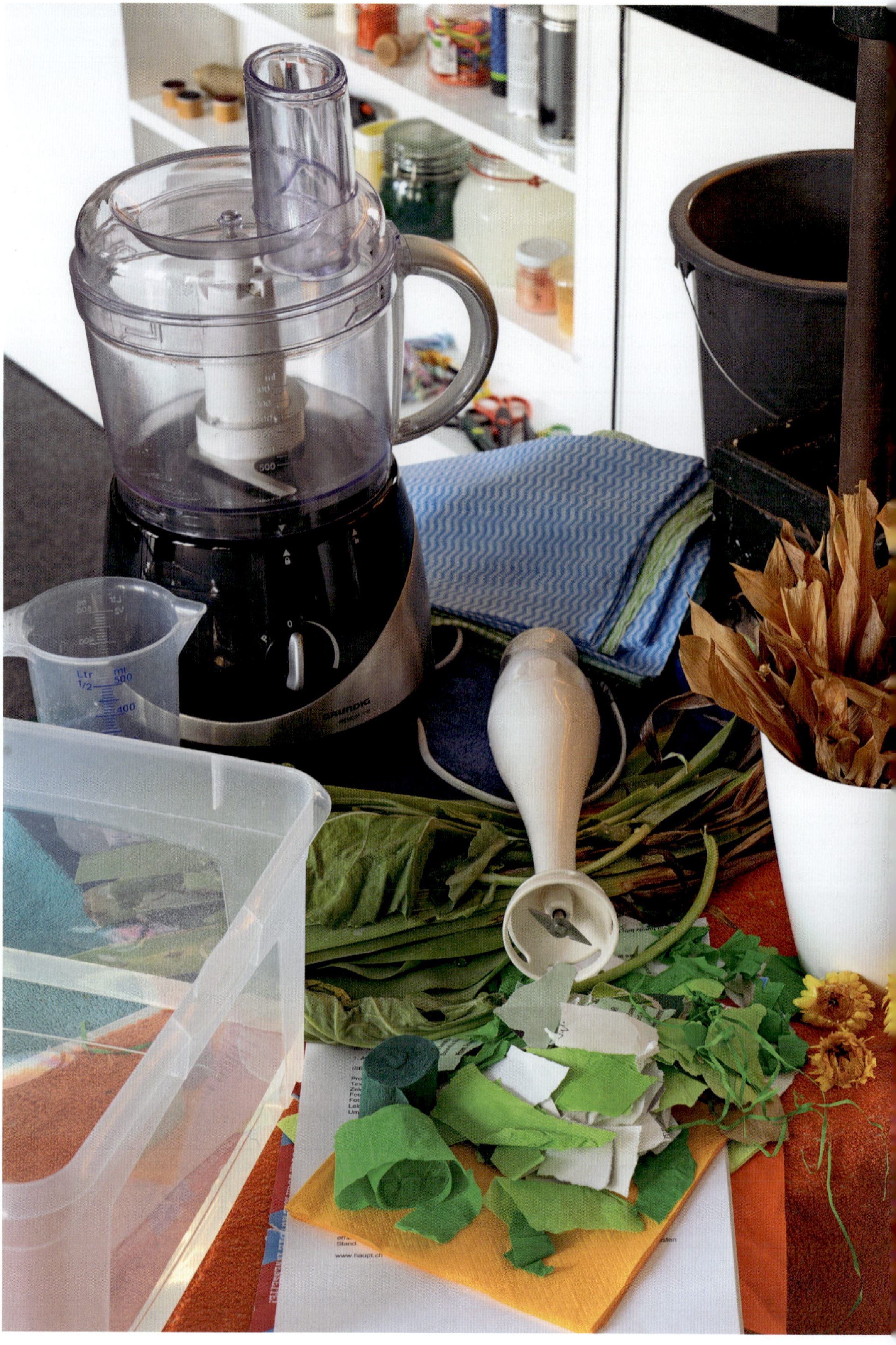
GRUNDIG
Ltr ml
1/2 500
400
www.haupt.ch

MATERIALIEN und WERKZEUGE

ALTPAPIER

Unser wichtigstes Material ist Altpapier. Bis Mitte des 19. Jahrhunderts wurde Papier vor allem aus Lumpen, sogenannten Hadern, hergestellt und es gibt auch heute noch Papiermacher, die Hadernpapiere produzieren. Aber die Papierherstellung aus Hadern ist sehr aufwendig, weil man geeignete Stampfwerke benötigt, um die Textilien zu zerkleinern. Daher haben wir uns in diesem Buch auf die Herstellung von Papieren aus Papier konzentriert und unternehmen außerdem einen Ausflug in die Produktion von Pflanzenpapieren. Bei Altpapier denken viele an Zeitungspapier. Doch Zeitungspapier enthält häufig viel Druckerschwärze, die das handgeschöpfte Papier vergraut. Es empfiehlt sich daher nicht, ausschließlich mit Zeitungspapier zu arbeiten. Am besten sammeln Sie schon einige Zeit, bevor Sie mit dem Schöpfen beginnen wollen, alle möglichen Papierreste und sortieren diese nach Farben. In einem Büro fällt z. B. Papier in verschiedenen Weißtönen an, das eventuell wenig bedruckt ist. Auch Papierservietten, Eierkartons, Geschenkpapiere etc. können verwendet werden. Achten Sie darauf, Klebestreifen zu entfernen, bevor Sie das Ausgangspapier weiterverarbeiten. Beschichtete oder stark glänzende Papiere lassen sich nur schwer auflösen und sind daher weniger zu empfehlen.

PFLANZEN

Für die Herstellung reiner Pflanzenpapiere sind einige Pflanzen besser, andere weniger gut geeignet. Schöne Ergebnisse haben wir mit Brennnessel- und Irisblättern erzielt. Die Schöpfergebnisse mit Mais- und Rhabarberblättern waren nicht ganz so überzeugend. Wir können Ihnen nur raten, selbst zu experimentieren. Sollte sich Ihr Brei aus reinen Pflanzenfasern nicht gut weiterverarbeiten lassen, haben Sie immer die Möglichkeit, ihn mit Pulpe aus Altpapier zu mischen. Pflanzen verarbeiten wir aber nicht nur, um Pflanzenpapiere zu schöpfen: Mit pflanzlichen Einschlüssen lassen sich häufig interessante Strukturen und schöne Effekte erzielen. Außerdem können Sie viele Pflanzen nutzen, um den Papierbrei einzufärben.

MIXER

Ein unverzichtbares Werkzeug beim Papierschöpfen ist ein Stand- oder Stabmixer bzw. ein Multizerkleinerer, denn das in Schnipsel gerissene Altpapier oder das gekochte Pflanzenmaterial muss weiter zerkleinert werden, um einen geschmeidigen Brei für die Papierherstellung zu ergeben. Achten Sie beim Mixen darauf, genügend Wasser zuzugeben. Wenn ein Pürierstab zum Einsatz kommt, sollten Sie nur mit kleinen Mengen arbeiten und nicht zu lange am Stück mixen, damit der Stab nicht heiß läuft.

SCHÖPFWANNE

Als Bütte oder Schöpfwanne eignen sich Wäsche- und Babybadewannen oder Aufbewahrungscontainer aus Kunststoff. Welche Wanne Sie wählen, hängt von der Größe Ihres Schöpfrahmens ab. Unsere Kunststoffwanne war etwas zu klein, um einen DIN-A4-Rahmen waagerecht eintauchen zu können. Welch ein Glück, dass wir im Sperrmüll eine Schrankschublade aus Plastik gefunden haben, die vollkommen dicht hält!

GAUTSCHTÜCHER

Wir verwenden Wischtücher, wie sie in jedem Drogeriemarkt zu finden sind. Achten Sie darauf, dass die Tücher rundum ca. 5 cm größer sind als Ihr Papierformat, ggf. können Sie sie auf das passende Format zuschneiden. Gautschtücher können mehrfach verwendet werden. Sollten sich Papierreste an den Tüchern nicht entfernen lassen, können Sie die Tücher in der Maschine waschen. Es kann aber auch interessant sein, wenn sich Reste von alten Papieren beim Gautschen mit neuen Bogen verbinden.

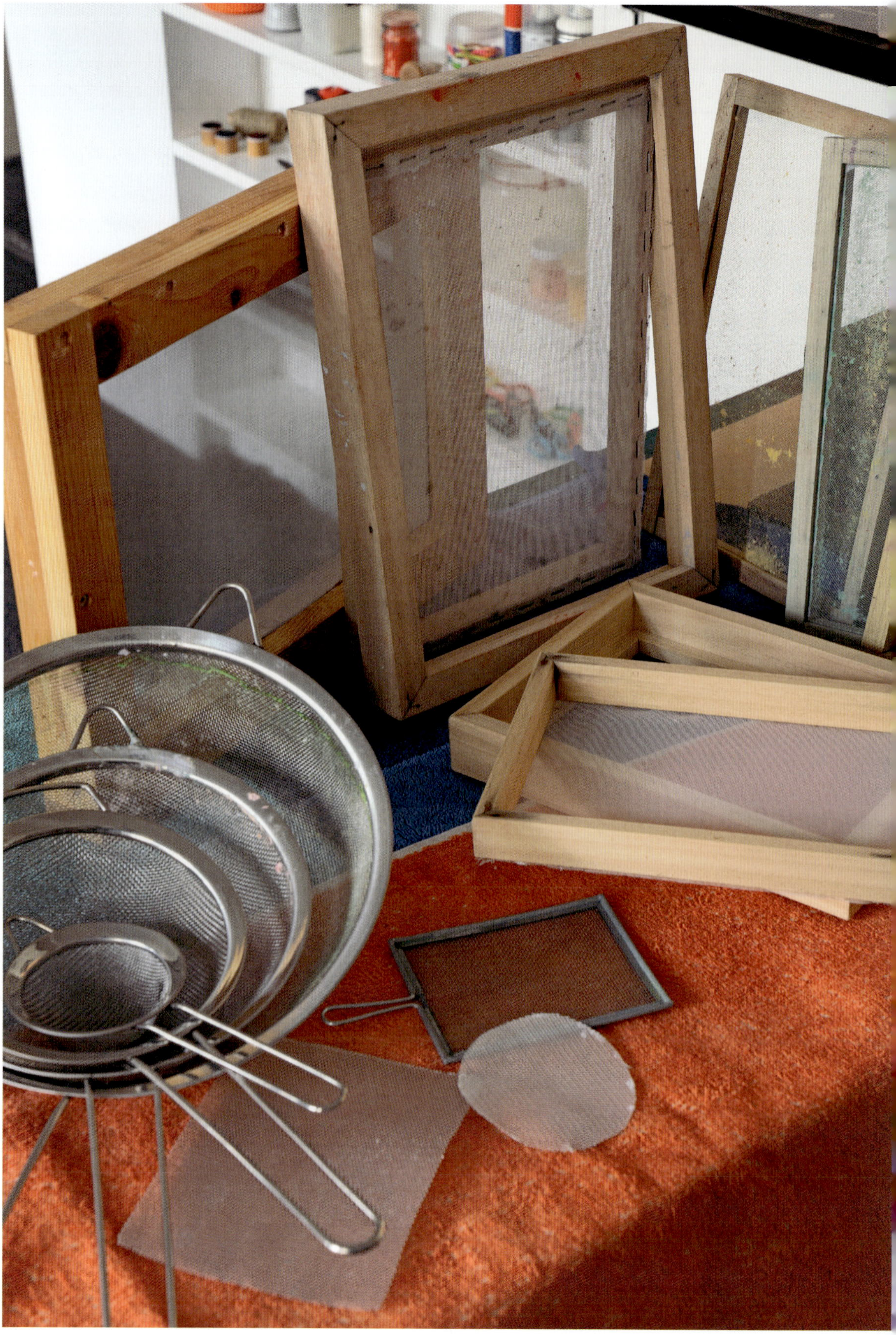

SCHÖPFRAHMEN

Eigentlich benötigt man zum Papierschöpfen nicht zwingend einen Schöpfrahmen. Man braucht nur ein engmaschiges Gitter, um den Papierbrei auszusieben, das heißt die festen von den flüssigen Bestandteilen zu trennen. Dies gelingt z. B. auch mit einem Stück Fliegendraht oder einem Küchensieb. Schöpfrahmen sind aber unserer Meinung nach leichter zu handhaben als einfache Schöpfgitter. Gerade Einsteiger:innen schöpfen mit dem Rahmen häufig gleichmäßigere und weniger ausgefranste Papiere.

Im Fachhandel gibt es ein- und zweiteilige Schöpfrahmen. Neben dem Basisrahmen mit Gitter besteht der zweiteilige Schöpfrahmen aus einem etwas größeren Rahmen ohne Bespannung. Dieser Abdeckrahmen wird einfach auf den Gitterrahmen aufgelegt und begrenzt die Fläche, verhindert also beim Schöpfen ein Abfließen der Papierfasern und sorgt für relativ gerade Ränder.

Man braucht nur ein engmaschiges Gitter, um den Papierbrei auszusieben.

Wenn Sie Papiere in einem besonderen Format herstellen möchten und im Handel keinen entsprechend großen Schöpfrahmen finden, können Sie sich nach der folgenden Anleitung einteilige Schöpfrahmen in der gewünschten Größe selbst herstellen. Die Herstellung eines Schöpfrahmens ist allerdings mit etwas Aufwand verbunden und lohnt sich nur, wenn der Rahmen oft zum Einsatz kommt. Verwenden Sie am besten Leisten aus Lärchenholz, das besonders witterungsbeständig und wasserresistent ist.

Material
4 Leisten, ca. 0,8 cm stark, 1,2 cm breit
(hier: 2x 29,7 cm und 2x 19,8 cm lang)
4 Leisten, ca. 0,5 cm stark, 1,2 cm breit
(hier: 2x 29,7 cm und 2x 17,4 cm lang)
Gehrungslade, Feinsäge, Schleifpapier
Holzleim, Kreppband
Edelstahl-Drahtgewebe, 30 Mesh (hier: 30 x 21 cm)
evtl. Blechschere, Tacker, Hammer,
kleine, rostfreie Nägel

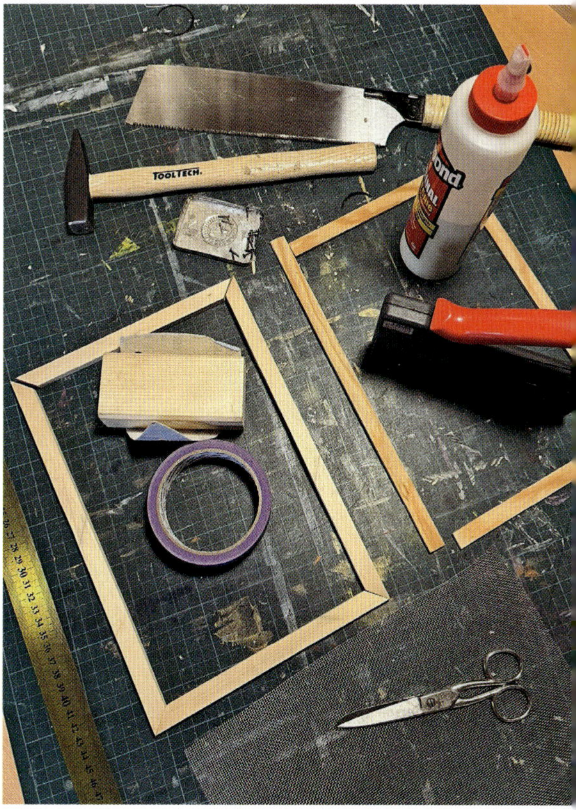

1 Die 0,8 cm starken Leisten in die Gehrungslade legen und mit der Feinsäge auf Gehrung (im 45-Grad-Winkel) sägen. Die vier dünneren Leisten hingegen gerade absägen. Die Kanten ggf. mit Schleifpapier glätten.

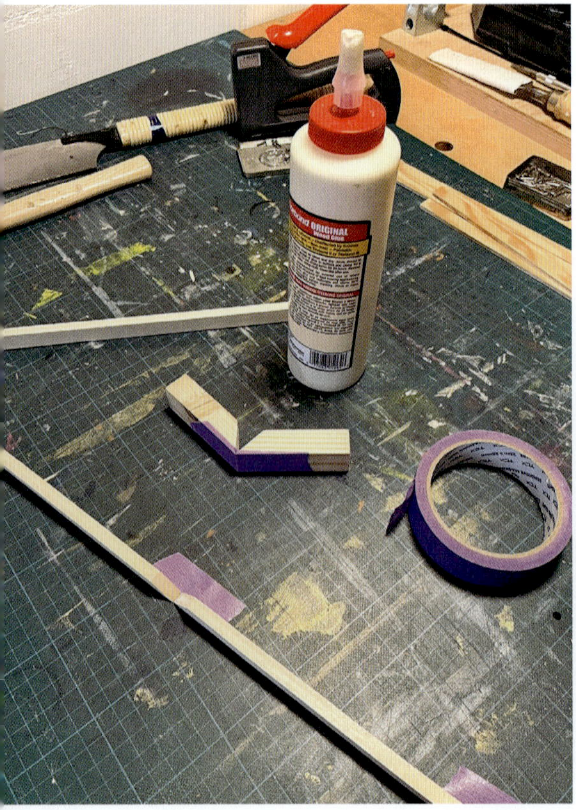

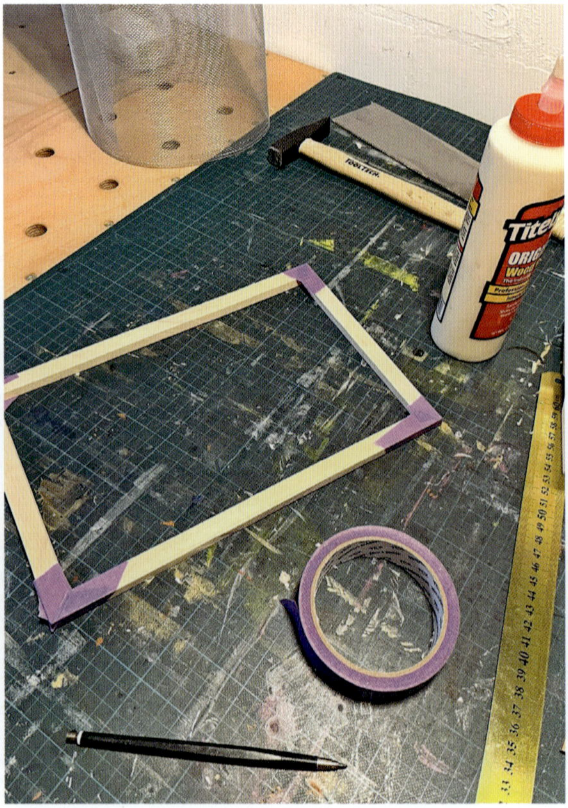

2 Die auf Gehrung gesägten Kanten mit Holzleim versehen und passgenau zu einem Rahmen zusammensetzen.

3 Die Ecken mit Kreppband so lange zusammenhalten, bis der Leim getrocknet ist. Anschließend das Kreppband entfernen.

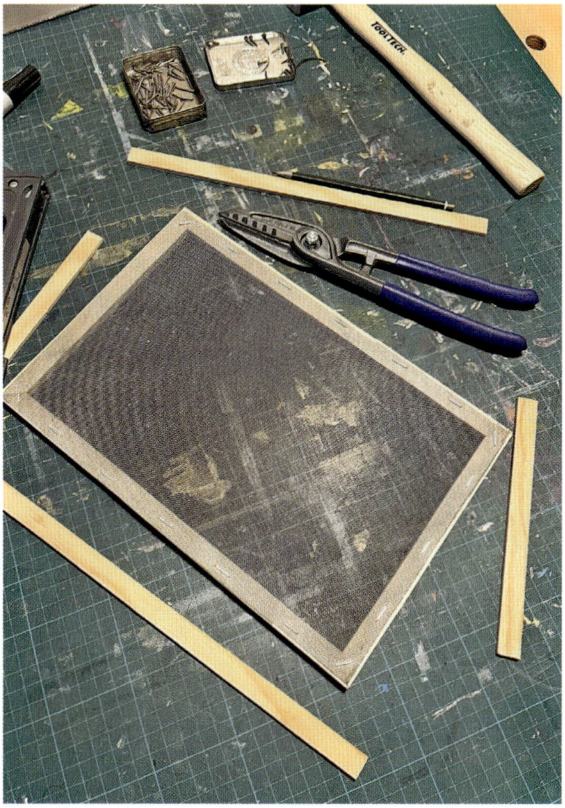

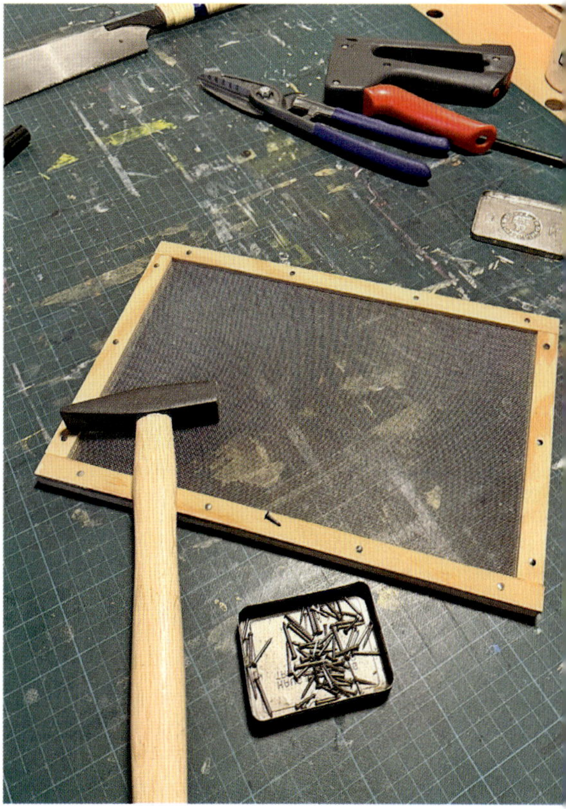

4 Das Drahtgewebe mit der Blechschere so zuschneiden, dass es nur wenige Millimeter kleiner ist als der Rahmen. Dann das Drahtgewebe auf den Rahmen legen und festtackern. Dabei jeweils eine Klammer waagerecht über die Gehrungsschnitte setzen, um die Leimverbindung an den Ecken zusätzlich zu sichern.

5 Zum Schluss die gerade zugesägten, dünneren Leisten auf den Drahtgeweberahmen nageln. Dabei zuerst die beiden langen Leisten mit je vier Nägeln mit dem unteren Rahmen verbinden, dann die beiden kürzeren Leisten einpassen und mit je drei Nägeln festnageln. (Da hier keine auf Gehrung gesägten Leisten verwendet werden, liegen die Schnittfugen der beiden Rahmen nicht übereinander; das sorgt für Stabilität.) Jetzt ist der Rahmen schöpfbereit.

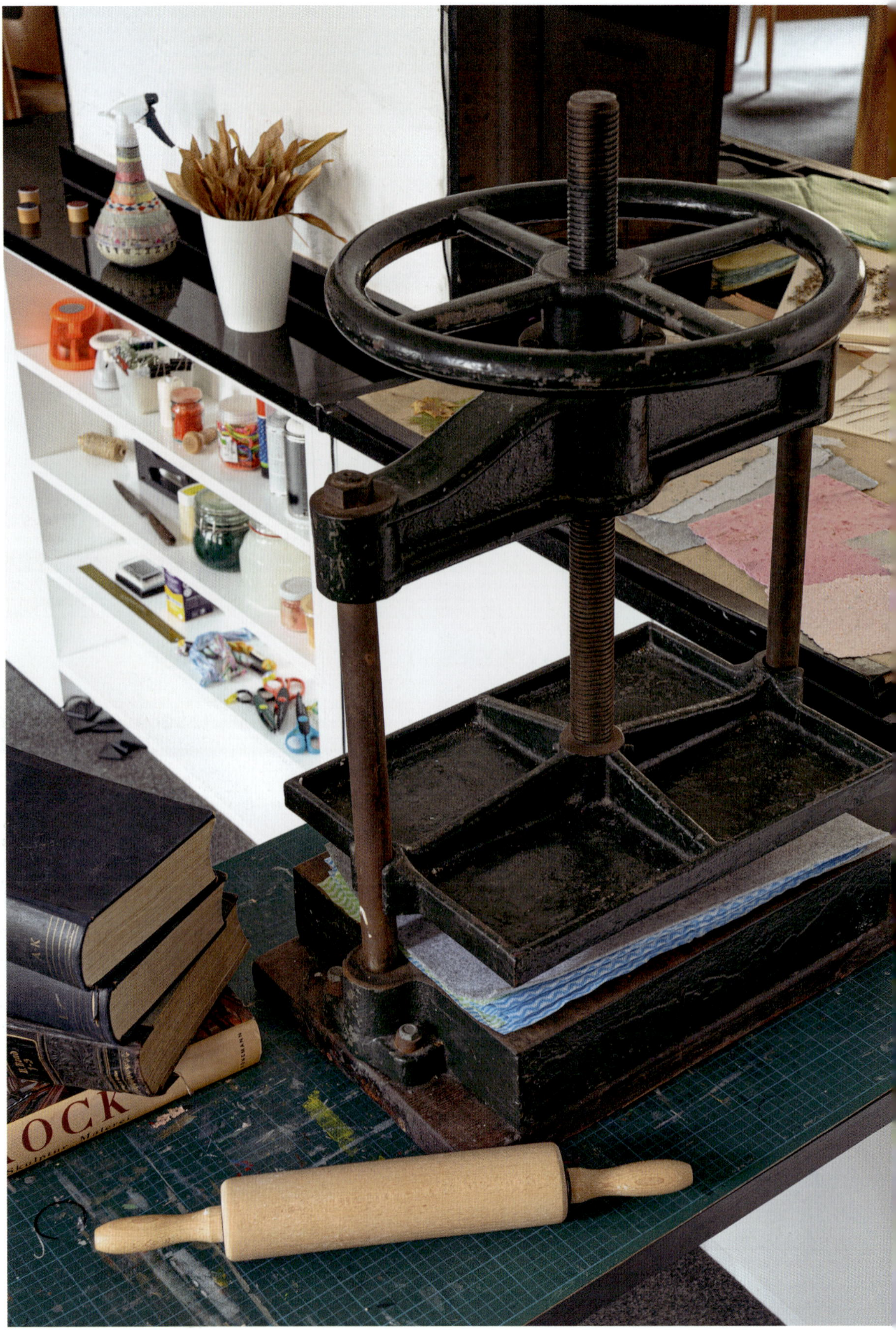

PRESSE

Eine Druck- oder Papierpresse, aber auch jede andere mobile Presse ist beim Papierschöpfen hilfreich. Mit ihr kann dem Pauscht schnell sehr viel Wasser entzogen und damit die Trocknung beschleunigt werden. Die Presse kann auch nach der Trocknung der Papiere zum Einsatz kommen, um die Papierbogen abschließend zu glätten. Außerdem lassen sich mit ihrer Hilfe Pflanzen in relativ kurzer Zeit pressen, um sie anschließend bei der Herstellung der Papierbogen mit einzuschöpfen oder einzuschließen. Gepresste Pflanzen können auch zur Verzierung verwendet und beispielsweise auf handgeschöpfte Grußkarten und Hefte aufgeklebt werden.

Sollte Ihnen keine Presse zur Verfügung stehen, können Sie das Wasser mithilfe eines Nudelholzes aus dem Papier pressen oder indem Sie den Pauscht bzw. die getrockneten Papierbogen mit Gewichten (z. B. dicken Büchern) beschweren. Für das Glätten der gewellten Papiere nach dem Trocknen auf der Wäscheleine können Sie zudem ein Bügeleisen einsetzen und die Papierbogen zwischen Baumwolltüchern nur kurz bei mäßig heißer Temperatur (zwei Punkte auf dem Temperaturregler) bügeln. Sie haben aber auch die Möglichkeit, nach der folgenden Anleitung eine einfache, mobile Presse selbst herzustellen. Die hier gezeigte Presse eignet sich für Papiere bis zu einer Größe von DIN A4.

Mit einer Presse kann man dem Pauscht Wasser entziehen und den Papierbogen glätten.

Material
2 gleich große Holzbretter (hier: ca. 30 x 40 cm)
Bleistift, Lineal
4 Schlossschrauben M8, 80 mm
4 Flügelmuttern M8
4 Unterlegscheiben/Karosseriescheiben M8
Schleifpapier
Bohrmaschine und Bohrer, Ø 8 mm und 10 mm
2 Schraubzwingen

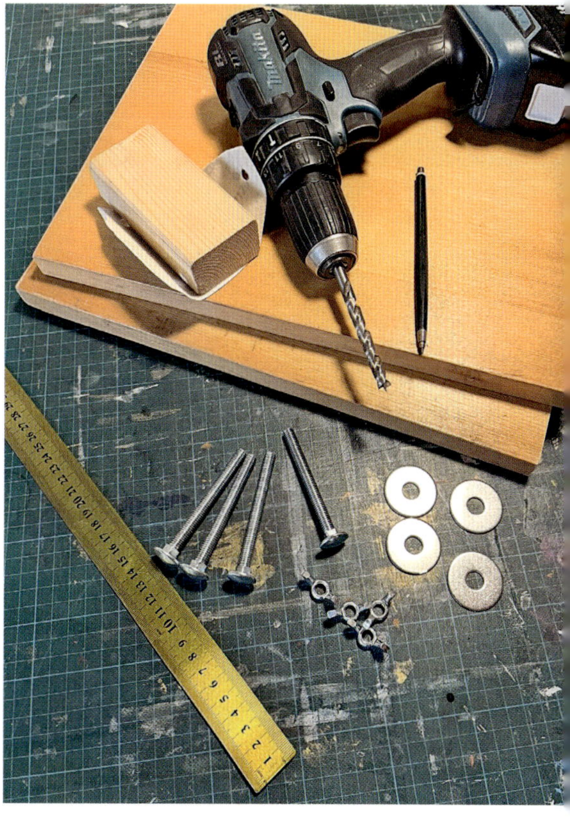

1 Die Materialien wie Schrauben, Flügelmuttern, Unterlegscheiben und Bretter bereitlegen. Um sich den Zuschnitt zu ersparen, z. B. zwei gleich große Schneidebretter oder Einlegebretter aus einem alten Schrank verwenden.

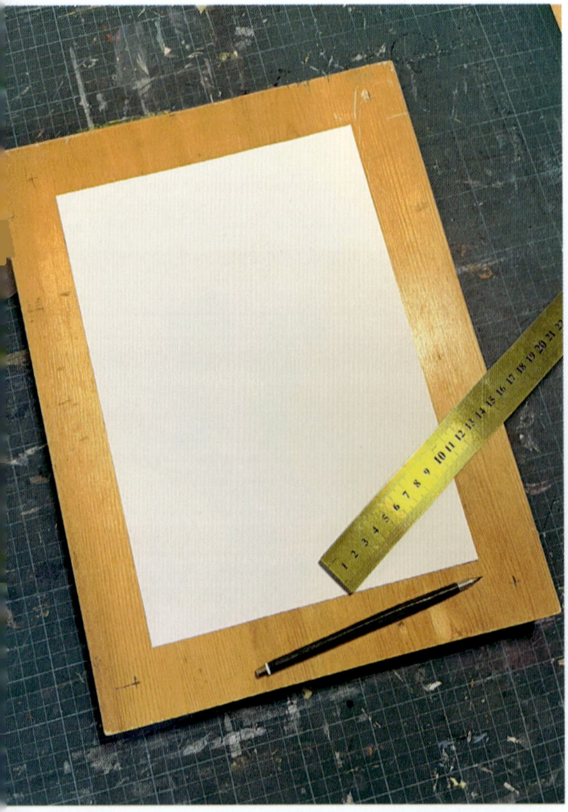

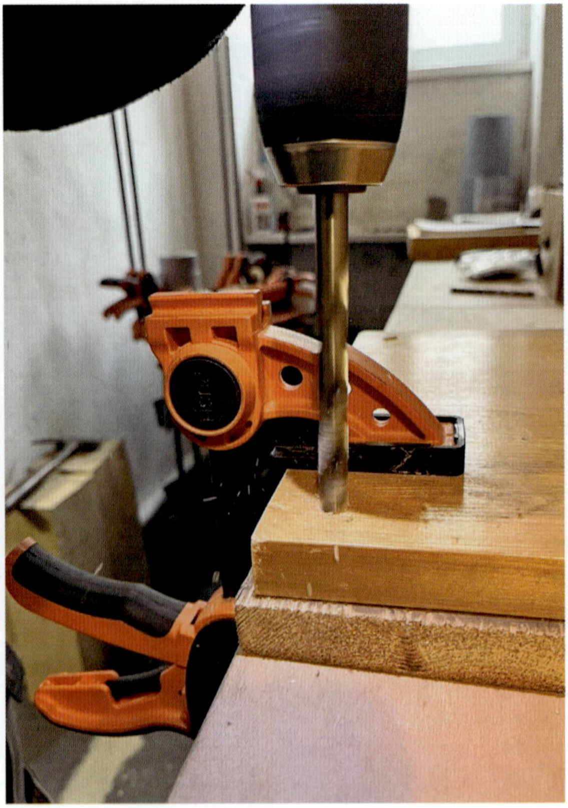

2 Ein Blatt Papier in der Größe des größten Schöpfguts (hier: DIN A4) mittig auf ein Brett legen. Auf einer Linie von den Ecken des Papiers zu den Ecken des Bretts jeweils ungefähr in der Mitte die Bohrmarkierung anzeichnen. Hier beträgt der Abstand zum seitlichen und unteren bzw. oberen Brettrand ca. 2,5 cm.

3 Mit dem dickeren Bohrer (Ø 10 mm) die vier Löcher in das Brett bohren. Anschließend die Bohrlöcher innen mithilfe von Schleifpapier entgraten. Die größeren Bohrlöcher erlauben später ein problemloses Abheben der oberen Pressenplatte.

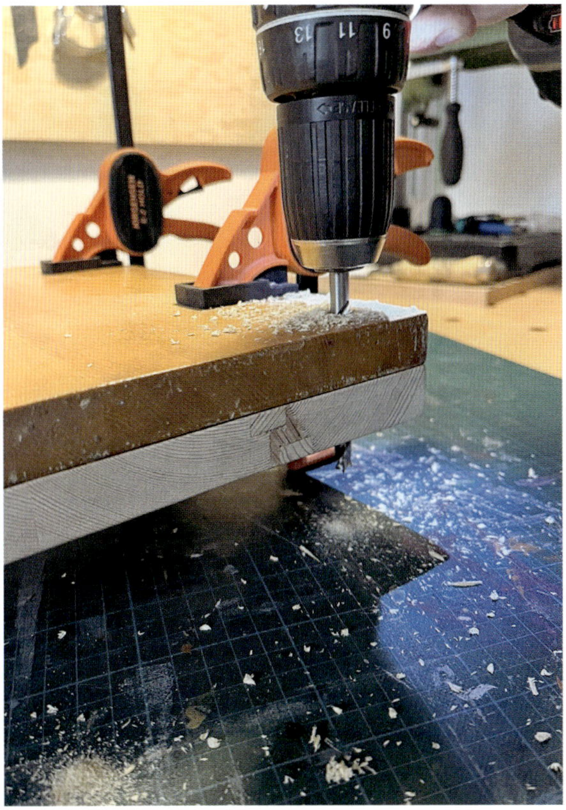

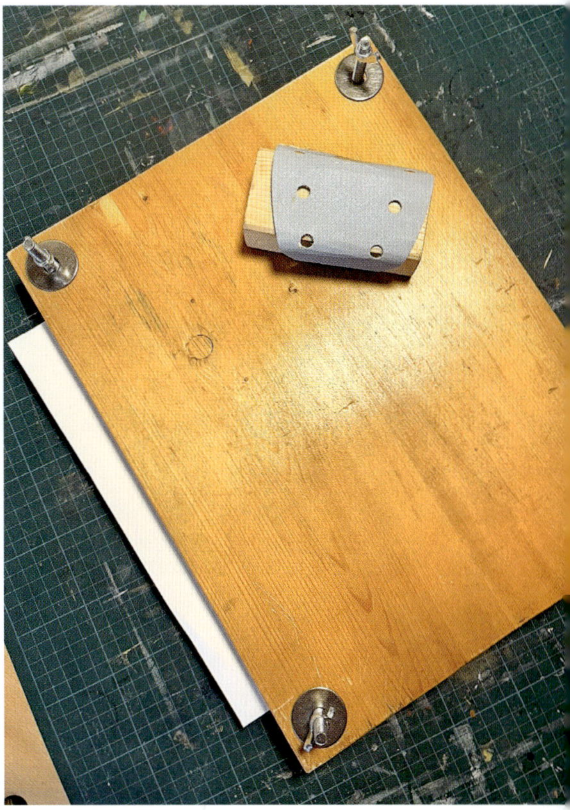

4 Die beiden Bretter aufeinanderlegen – das Brett mit den Bohrlöchern liegt oben – und mithilfe von Schraubzwingen fixieren. Nun mit dem dünneren Bohrer durch die Löcher des oberen Bretts durch das unten liegende Brett bohren.

5 Die Bohrlöcher im unteren Brett ebenfalls mit Schleifpapier glätten. Dann die Schlossschrauben von unten in das untere Brett (die untere Platte der Presse) eindrehen. Zum Pressen das Schöpfgut auf diese Platte auflegen. Danach die obere Platte aufsetzen und die Unterlegscheiben über die Schraubenschäfte führen. Mithilfe der Flügelmuttern die beiden Platten zusammenpressen.

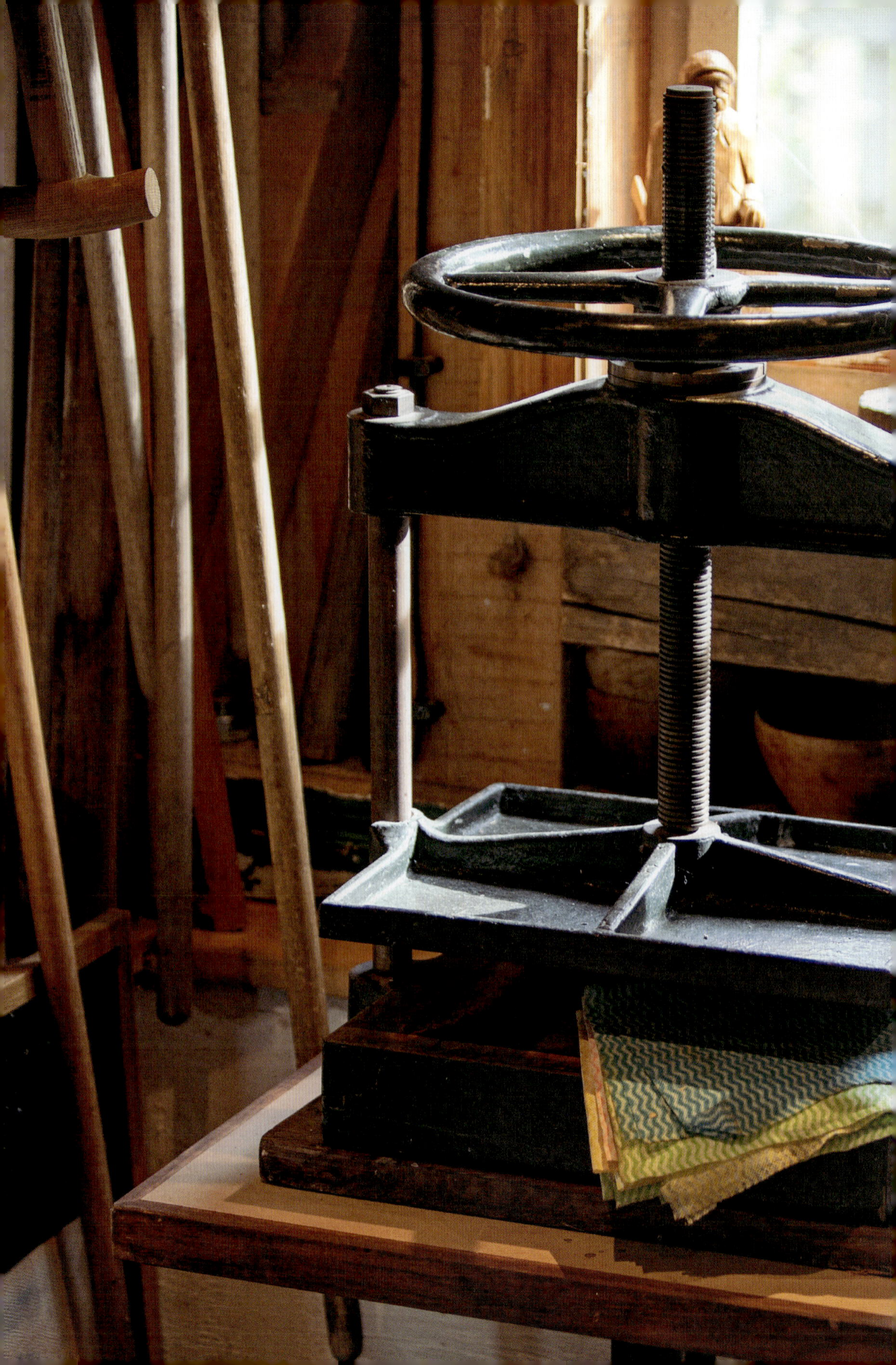

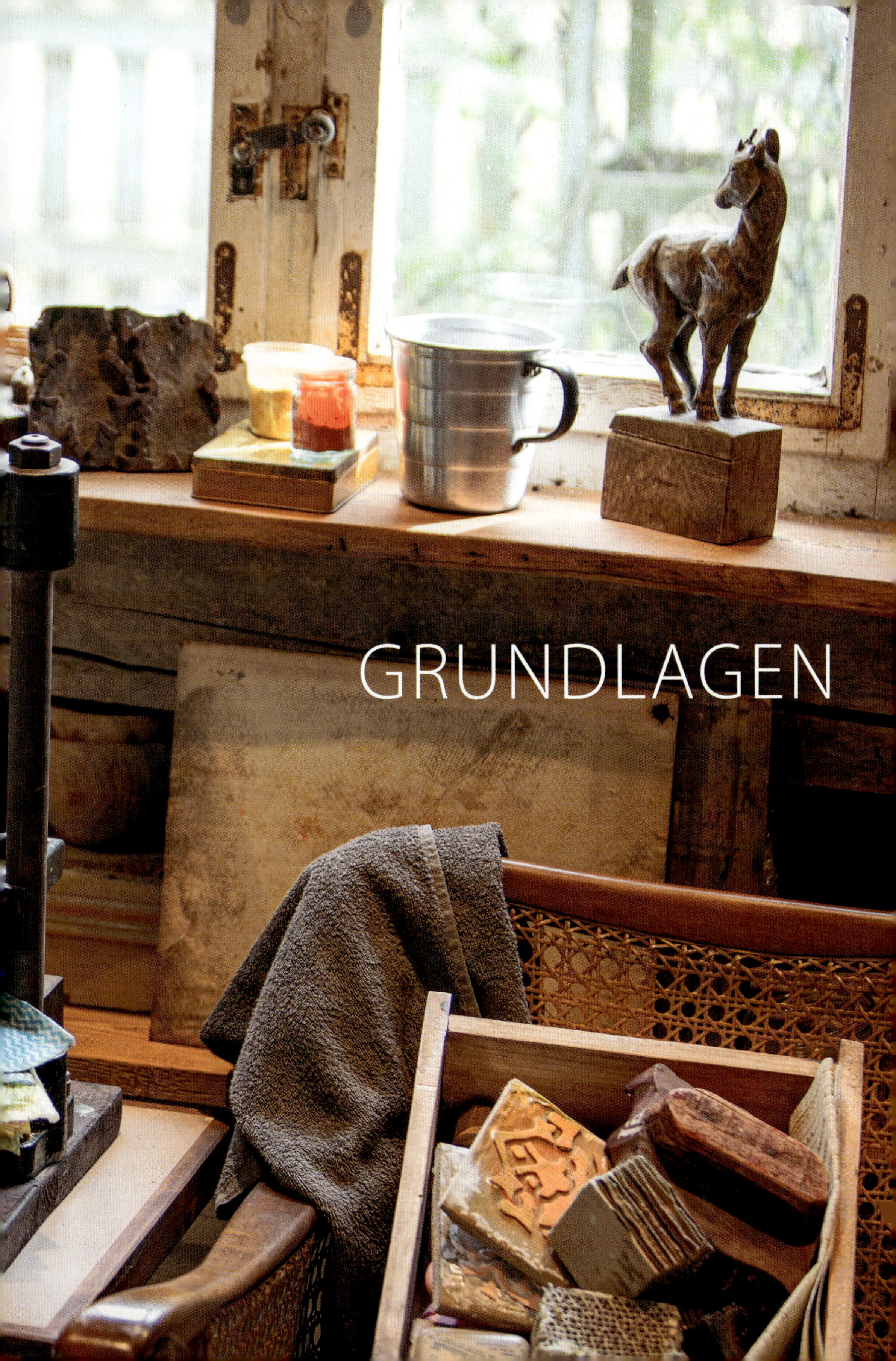

GRUNDLAGEN

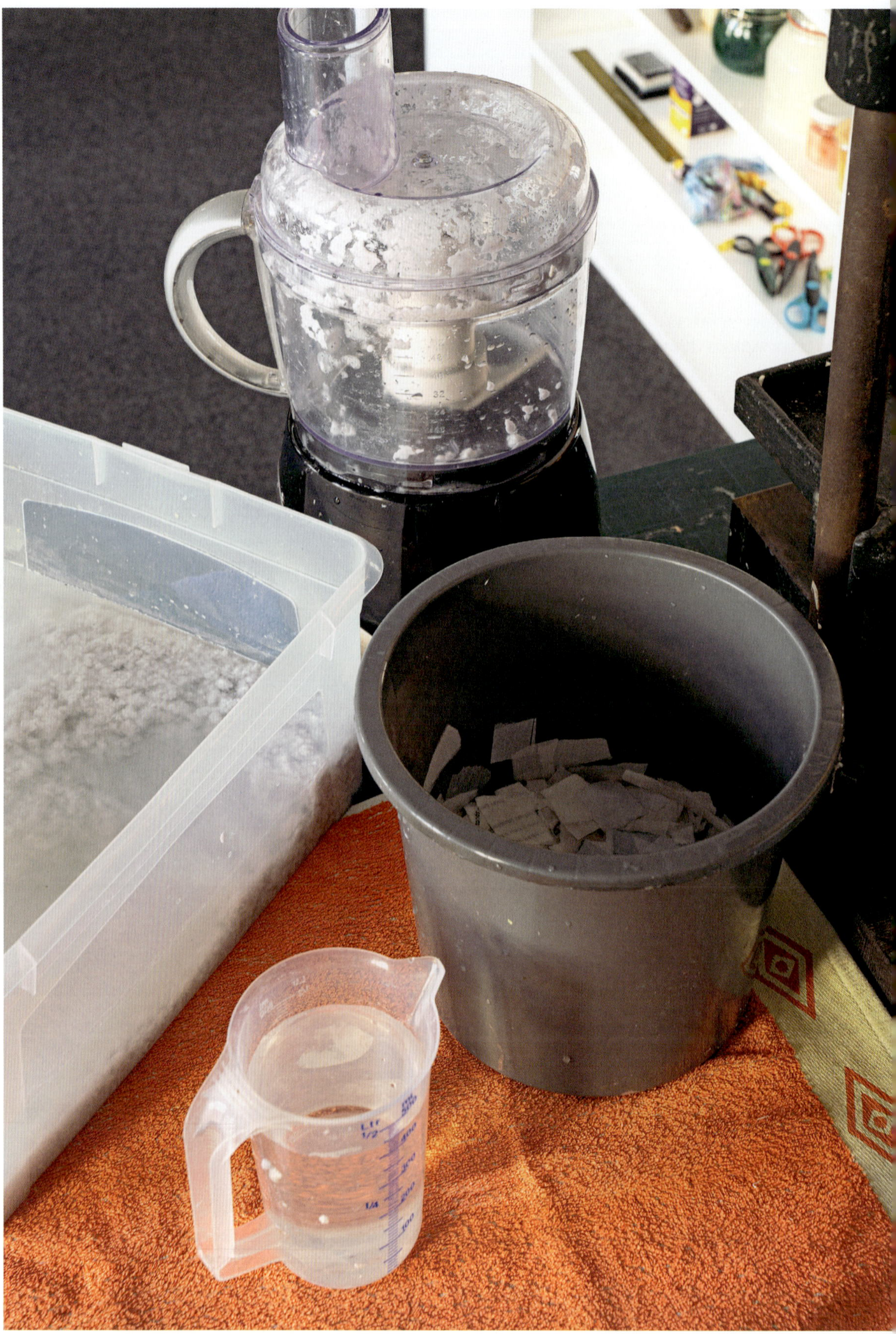

GRUNDREZEPT Papierpulpe

Eine einheitliche Vorgabe für die Pulpe zu machen, ja gar ein genaues Rezept vorzugeben, ist nur schwer möglich. Das Mischungsverhältnis von Wasser und gemahlenem Faserbrei in der Schöpfwanne hängt zum einen sehr stark von der Konsistenz des Ausgangsmaterials ab. Ein Faserbrei aus Eierkartons unterscheidet sich beispielsweise von einem aus Büroaltpapier – ganz zu schweigen von einem Brei aus Pflanzenmaterial. Zum anderen richtet sich das Mischungsverhältnis danach, was mit dem geschöpften Papier geschehen soll. Für einen Buchumschlag oder eine Grußkarte benötigt man z. B. stärkeres Papier als für einen Briefbogen.

Wir sind in Anleitungsbüchern immer wieder auf den Hinweis gestoßen, dass die Pulpe in der Schöpfwanne die Konsistenz von Milch oder flüssiger Sahne aufweisen soll. Aber so richtig weitergeholfen hat uns das nicht. Im Folgenden leiten wir deshalb die Herstellung von Papier in Briefbogenstärke (also relativ dünn) genau an und machen – soweit dies möglich ist – exakte Materialangaben. Aus 30 Blatt Büroaltpapier lassen sich etwa 14 Blatt DIN-A4-Papier schöpfen.

Berücksichtigen Sie dabei, dass die ersten Bogen in der Regel stärker werden als die letzten, weil die Mischung mit jedem Schöpfgang dünner wird. Um Unterschiede in der Stärke möglichst gering zu halten, sollten Sie anfangs Faserbrei zurückbehalten und im Laufe des Schöpfprozesses immer wieder etwas Brei hinzugeben. Vergessen Sie außerdem nicht, die Pulpe vor jedem neuen Schöpfgang aufzurühren, weil die festen Bestandteile schnell nach unten absinken.

Material
30 Blatt Büroaltpapier, DIN A4
(Gesamtgewicht 150 g)
Eimer
Wasser
Mixer oder Pürierstab
Schöpfwanne

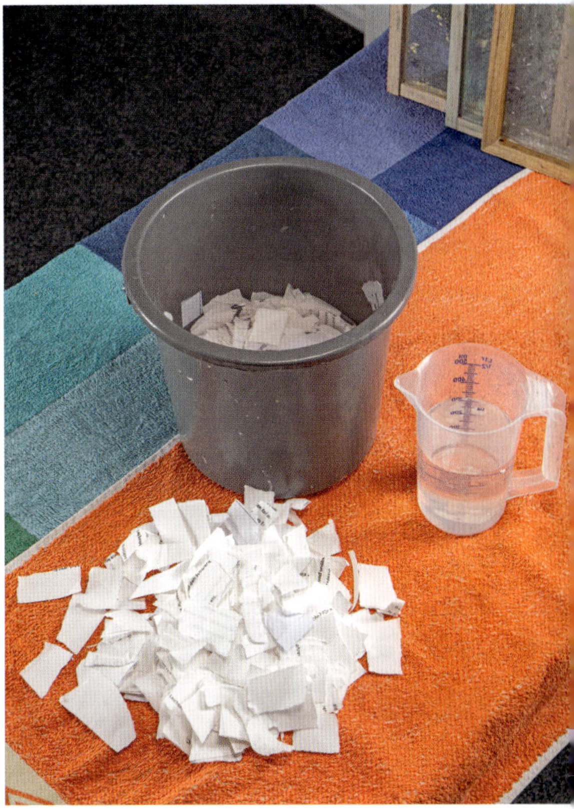

1 Das Altpapier in 3 bis 4 cm große Schnipsel reißen und in einen Eimer füllen. Mit kaltem Wasser bedecken und einweichen lassen, am besten über Nacht.

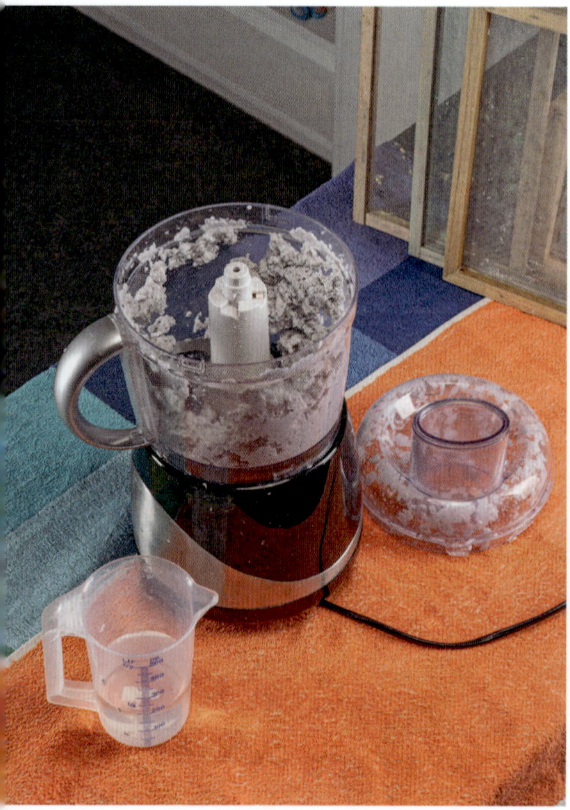

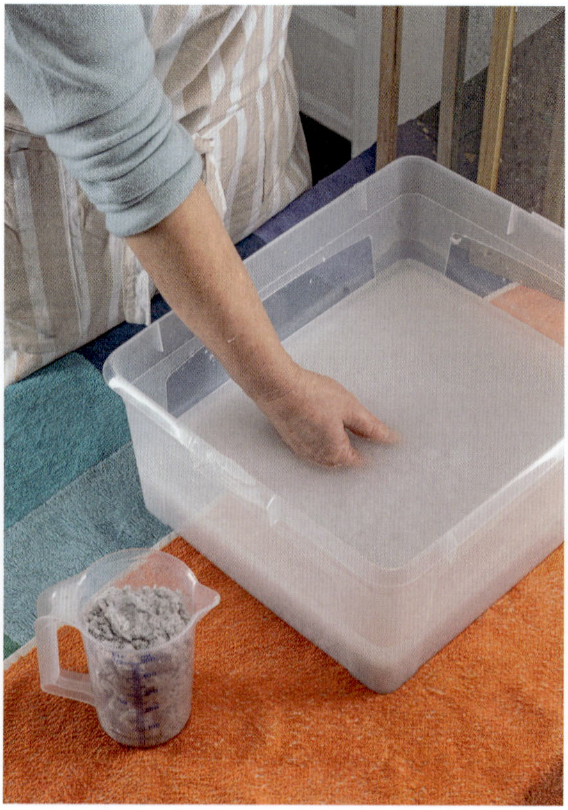

2 Die eingeweichten Schnipsel unter Zugabe von Wasser so lange mixen oder pürieren, bis ein feiner Faserbrei entsteht. 30 Blatt Büropapier ergeben etwa 1 l feuchten Papierbrei (Pulpe).

3 Die Schöpfwanne mit neun Teilen Wasser und einem Teil Papierbrei füllen. Bei 0,8 l Papierbrei braucht man 7,2 l Wasser für eine Mischung, die dünne Papiere ergibt. Die restlichen 0,2 l Papierbrei zurückbehalten.

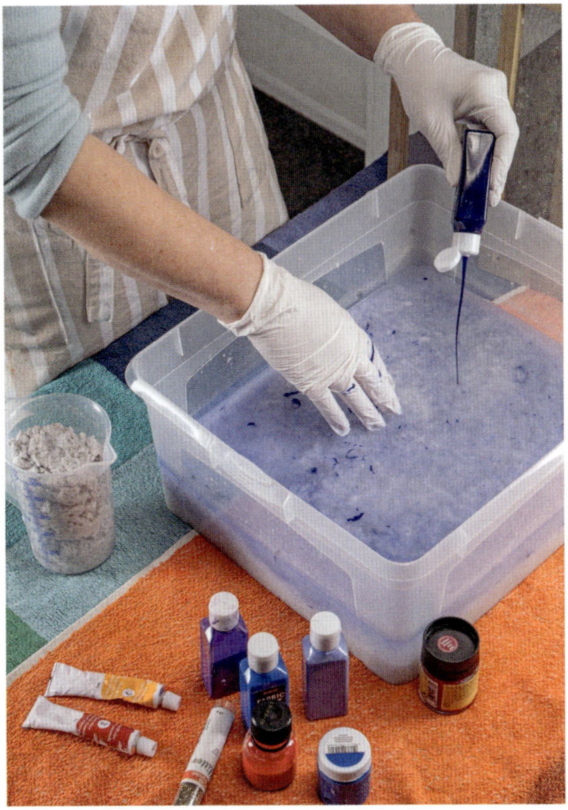

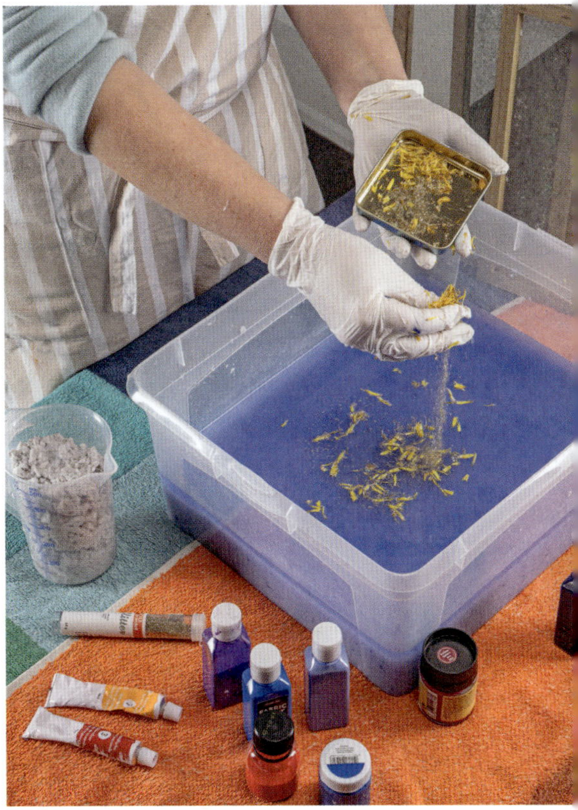

4 Wenn etwa acht bis zehn Bogen geschöpft sind und die Mischung sehr dünn geworden ist, den Rest der Pulpe hinzugeben. Die Farbe kann auch gewechselt werden. Dabei mit hellen Tönen beginnen und nach und nach Pulpe in dunkleren Farbtönen einrühren. Ein Farbton lässt sich zudem durch die Zugabe von Textilfarbe (wie hier im Bild) sowie Lebensmittelfarbe oder Aquarellfarbe verändern bzw. intensivieren.

5 Außerdem kann man Beigaben wie Glitter, getrocknete Blütenblätter, Stoffstücke etc. in die Pulpe streuen, die nach dem Schöpfen interessante Strukturen im Papier bilden.

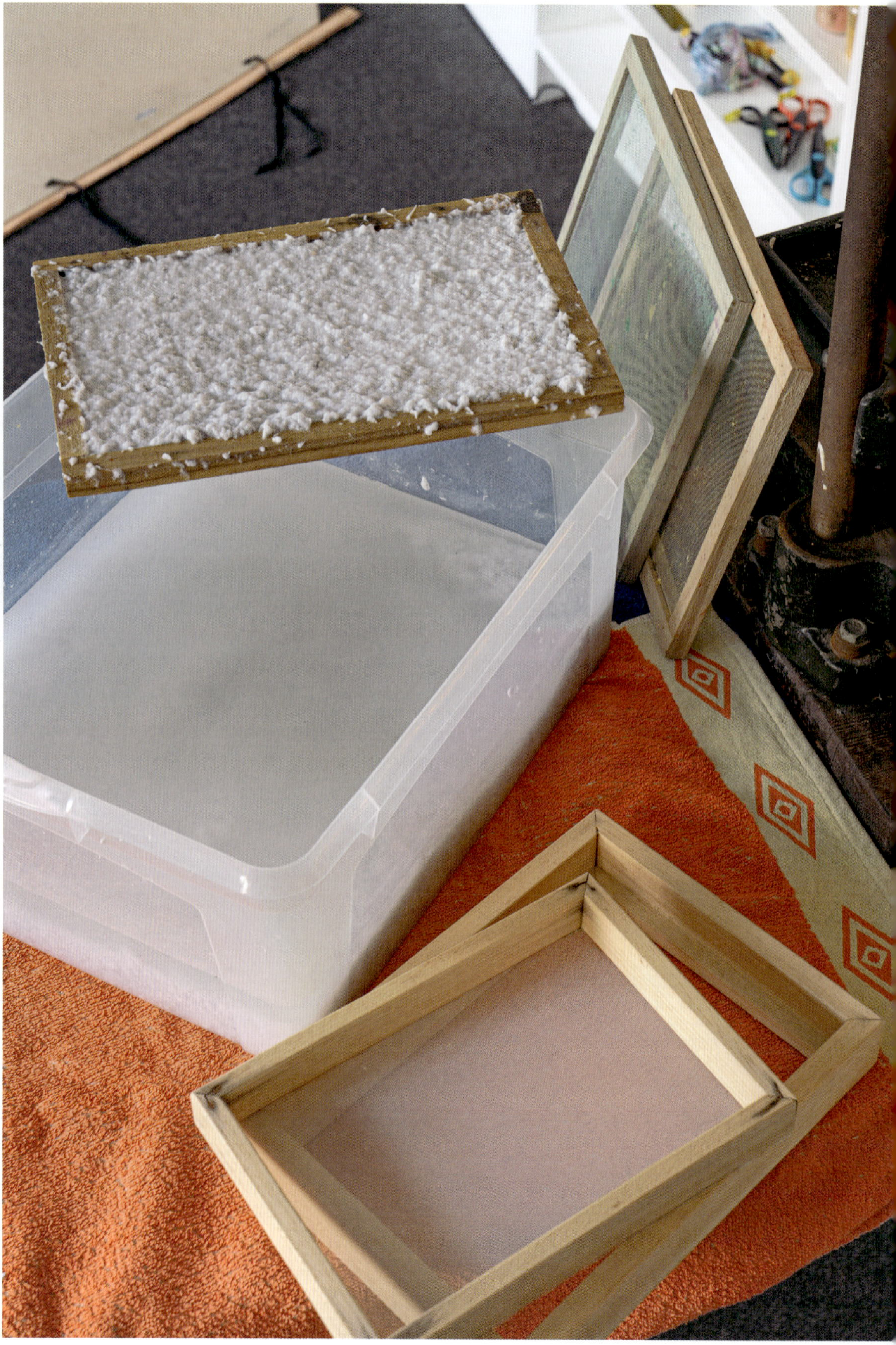

SCHÖPFEN

Beim Schöpfen geht es darum, die festen Bestandteile mit einem Sieb aus dem Wasser herauszufischen, und zwar so, dass sich eine möglichst gleichmäßige Schicht ergibt. Das klingt komplizierter, als es ist. Wenn Sie die Handhabung des zweiteiligen Schöpfrahmens ein paarmal geübt haben, werden Sie das Schöpfen mühelos beherrschen und auch mit einteiligen Rahmen oder rahmenlosen Schöpfgittern zurechtkommen.

Wichtig ist, dass Sie den Schöpfrahmen mit fließenden Bewegungen senkrecht in die Wanne tauchen und – jetzt mit Papierfasern belegt – waagerecht wieder aus dem Wasser heben. Sie spüren einen leichten Zug, wenn das Wasser beim Herausheben abfließt.

War der Schöpfprozess erfolgreich, haben sich die Papierfasern gleichmäßig verteilt und sind auf dem Sieb zu einem Vlies von relativ einheitlicher Stärke verfilzt. Ist dies nicht der Fall und weist das Vlies beispielsweise Löcher auf, durch die das Sieb zu sehen ist, muss der Schöpfvorgang wiederholt werden. Tauchen Sie dann den Basisrahmen ohne Abdeckrahmen mit dem Sieb nach unten wieder in die Wanne. Die Papierfasern lösen sich problemlos vom Sieb und verteilen sich im Wasser.

Material
Schöpfwanne
1 l Pulpe
9 l Wasser
evtl. Textilfarbe, Glitter, Geschenkband, getrocknete Blütenblätter
Schöpfrahmen

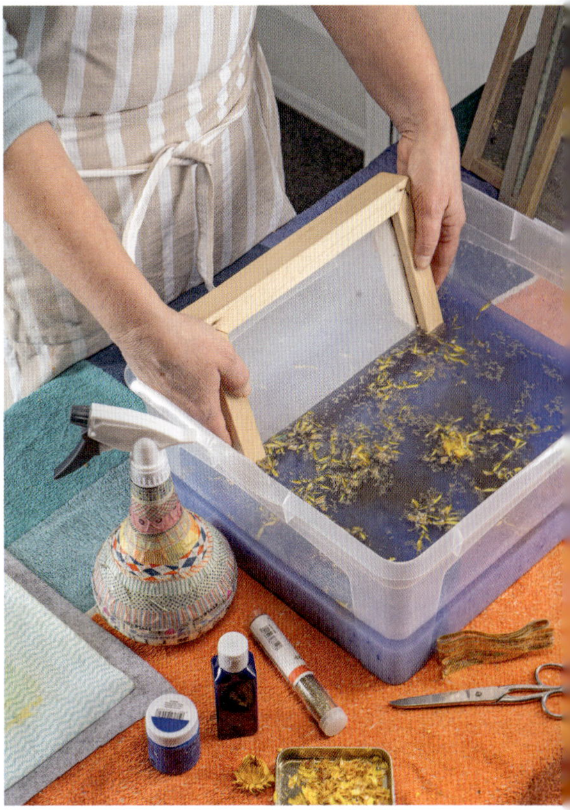

1 Den Abdeckrahmen über den Basisrahmen legen. Die übereinandergelegten Rahmen mit beiden Händen rechts und links greifen und senkrecht in die Wanne tauchen.

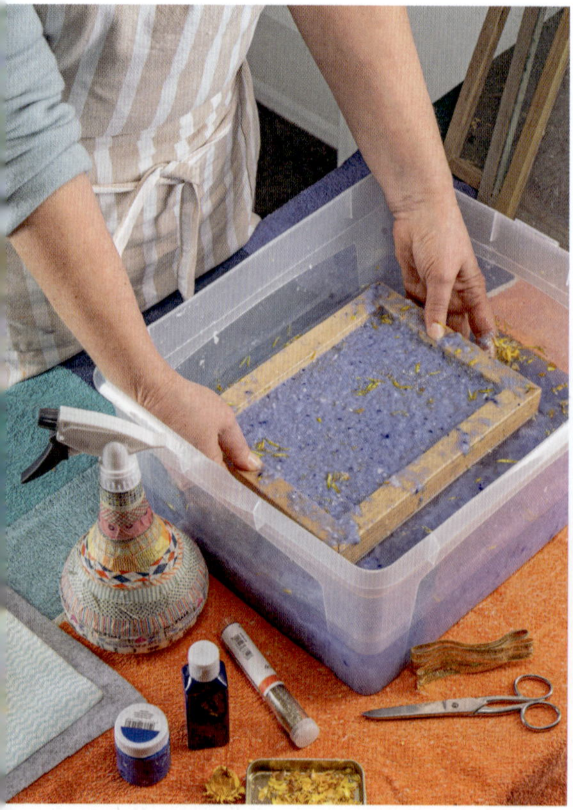

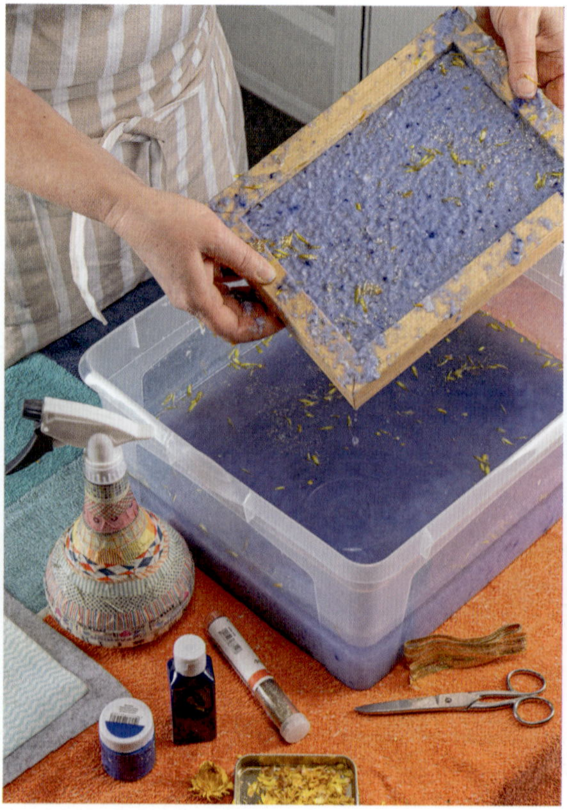

2 Den Rahmen mit einer fließenden Bewegung waagerecht aus dem Wasser heben. Prüfen, ob sich die Papierfasern gleichmäßig verteilt haben und das Papiervlies keine Löcher aufweist.

3 Den Rahmen hin und her wiegen, damit das Wasser ablaufen kann.

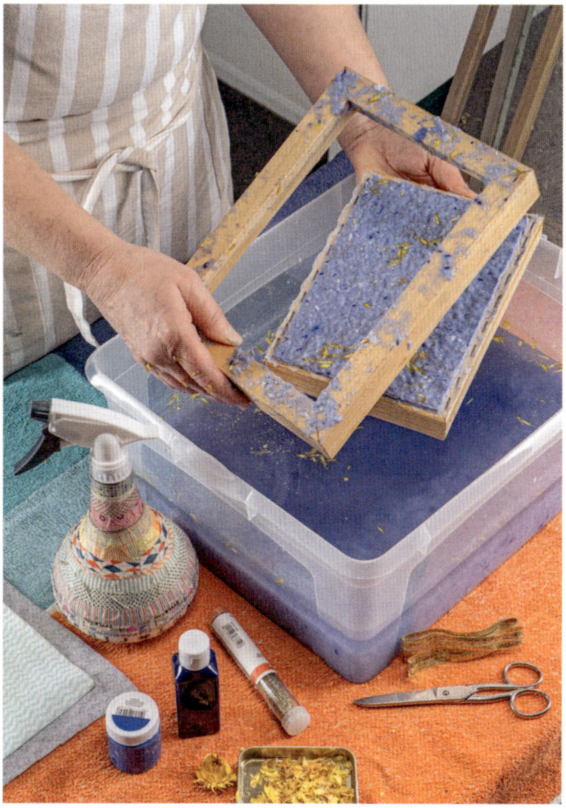

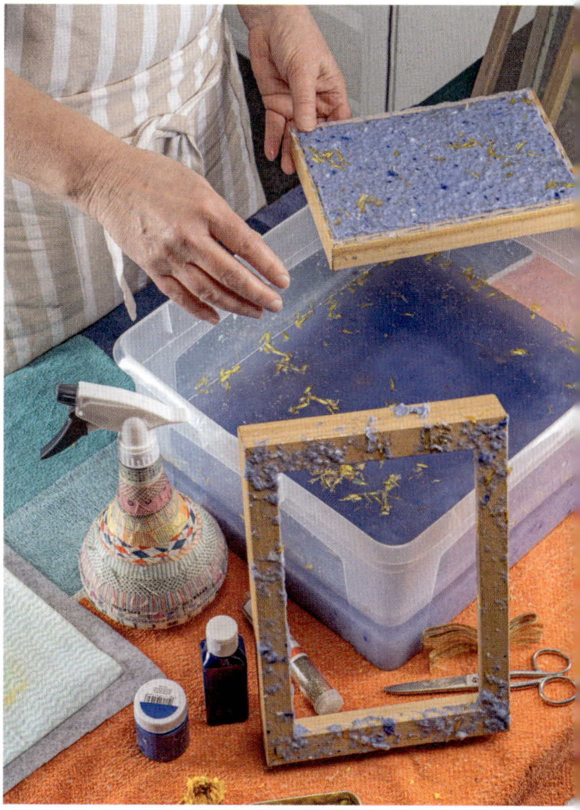

4 Anschließend den Abdeckrahmen vom Basisrahmen abnehmen. Dabei darauf achten, dass keine Wassertropfen auf das Papiervlies fallen.

5 Den Basisrahmen noch eine kurze Zeit auf dem Wannenrand liegen und abtropfen lassen.

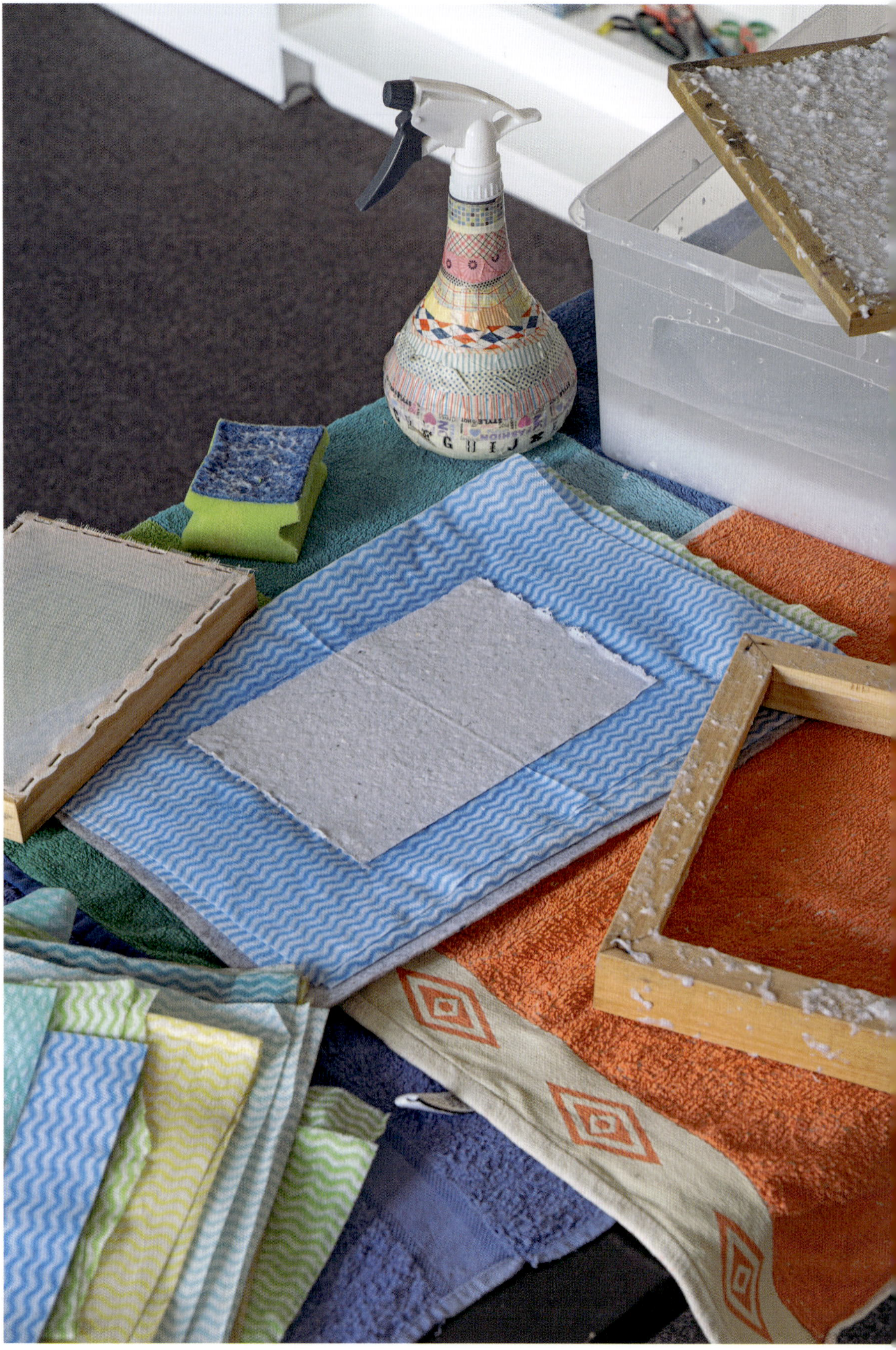

GAUTSCHEN

Das Wort „gautschen" geht möglicherweise auf den französischen Begriff „coucher" („hinlegen") zurück und genau das ist auch gemeint: Man legt das Papiervlies auf einem Tuch, dem sogenannten Gautschtuch, ab. Die ersten Gautschtücher sollten Sie etwas anfeuchten. Später ist dies nicht mehr nötig, denn dann geben die untergelegten Handtücher und die Papiere sowie Tücher der ersten Lagen genügend Feuchtigkeit ab.

Drehen Sie den Basisrahmen mit einer zügigen Bewegung um, sodass das Sieb nach unten gerichtet ist, und drücken Sie es auf das Polster aus Unterlage und Gautschtuch.

Nun folgt die eigentlich knifflige Arbeit: das Abheben des Rahmens und das Trennen des Papiervlieses vom Sieb. Oftmals löst sich das Papier ganz leicht und der Rahmen lässt sich einfach abnehmen. Ist das nicht der Fall, sollten Sie auf der Rückseite des Siebes mit einem Schwamm Wasser absaugen. Drücken Sie dabei nicht zu fest auf, damit sich die Papierfasern nicht im Gitter verhaken. Beginnen Sie dann an einer Ecke, von der sich das Papiervlies bereits gelöst hat, und heben Sie den Rahmen langsam ab. Durch das Sieb lässt sich gut mitverfolgen, wie sich das Vlies allmählich löst. Sollten einzelne Partien noch am Sieb kleben, tupfen Sie mehrmals mit dem Schwamm von der Siebrückseite auf die entsprechenden Stellen. Ein ausgefranster Rand ist im Übrigen kein Grund, sich zu ärgern, sondern einfach typisch für handgeschöpftes Papier!

Material
Schöpfrahmen mit Papiervlies
Gautschunterlage
Gautschtücher
Sprühflasche mit Wasser
Schwamm

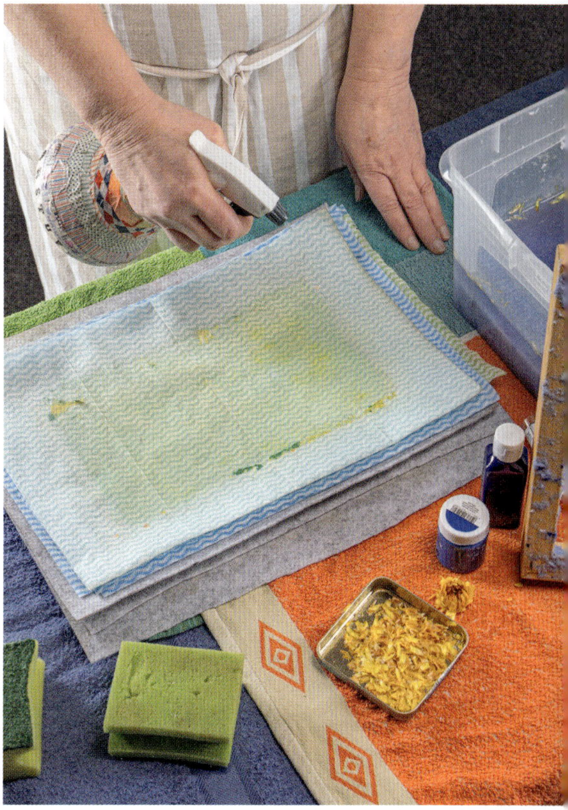

1 Ein Gautschtuch (Wischtuch), das rundum ca. 5 cm größer ist als das Papierformat, auf der Gautschunterlage ausbreiten und leicht anfeuchten.

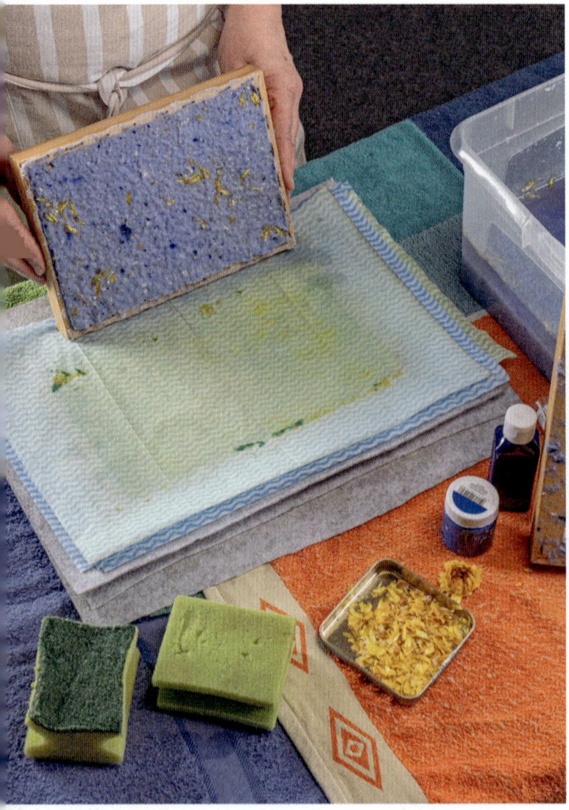

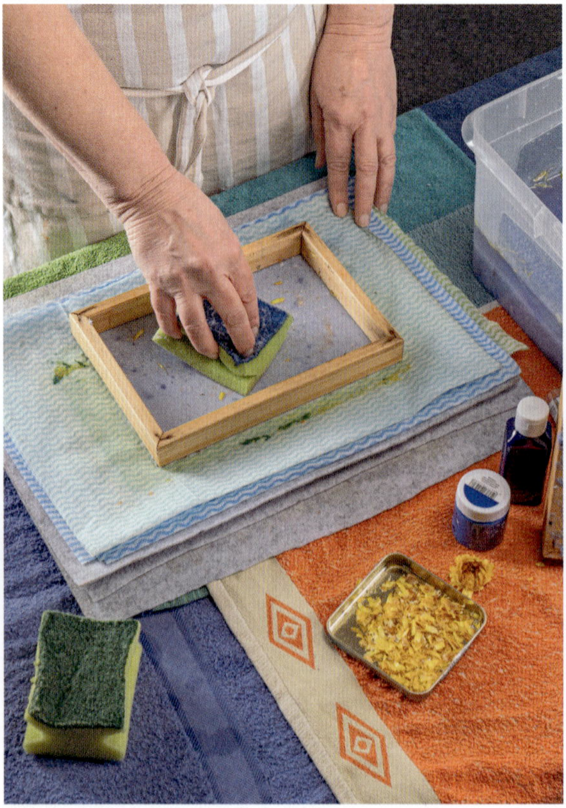

2 Den mit dem Papiervlies belegten Basisrahmen zügig umdrehen und auf dem Gautschtuch ablegen.

3 Löst sich das Vlies nicht sofort vom Sieb, mit einem Schwamm Wasser von der Rückseite des Siebes saugen. Nicht zu fest aufdrücken, um zu vermeiden, dass sich die Papierfasern im Siebgitter verhaken.

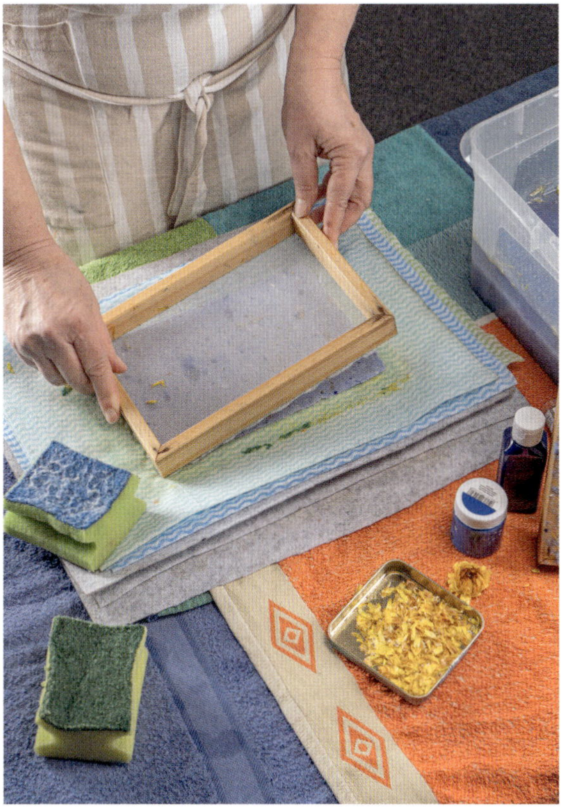

4 Den Basisrahmen vorsichtig vom Gautschtuch abheben. Eventuell an einer Ecke beginnen, von der sich das Vlies bereits gelöst hat, und das Abheben ggf. durch sanftes Tupfen mit dem Schwamm auf der Rückseite des Siebes unterstützen.

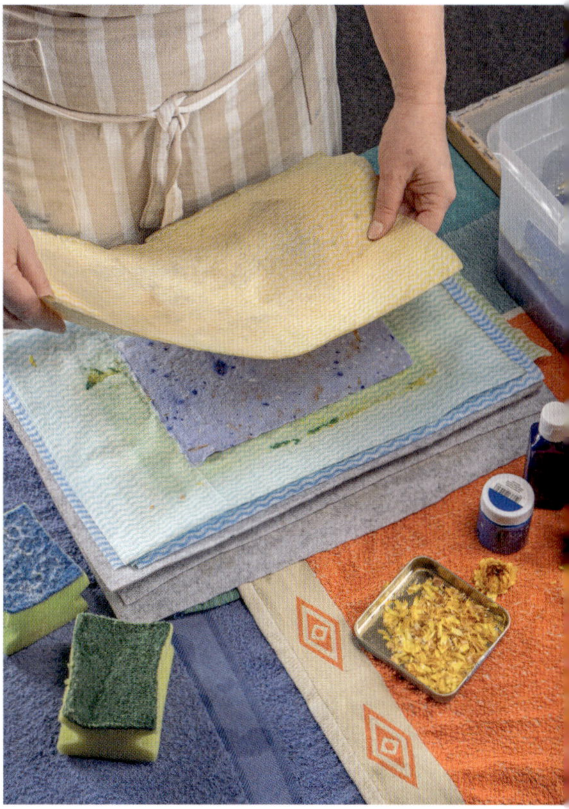

5 Das abgelöste Papiervlies mit einem weiteren Gautschtuch bedecken und damit die Gautschunterlage für den nächsten Gautschprozess vorbereiten. Auf diese Weise einen Stapel bilden, bestehend aus vielen Papiervliesen und Gautschtüchern. Dieser Stapel wird Pauscht (auch Bausch oder Bauscht) genannt.

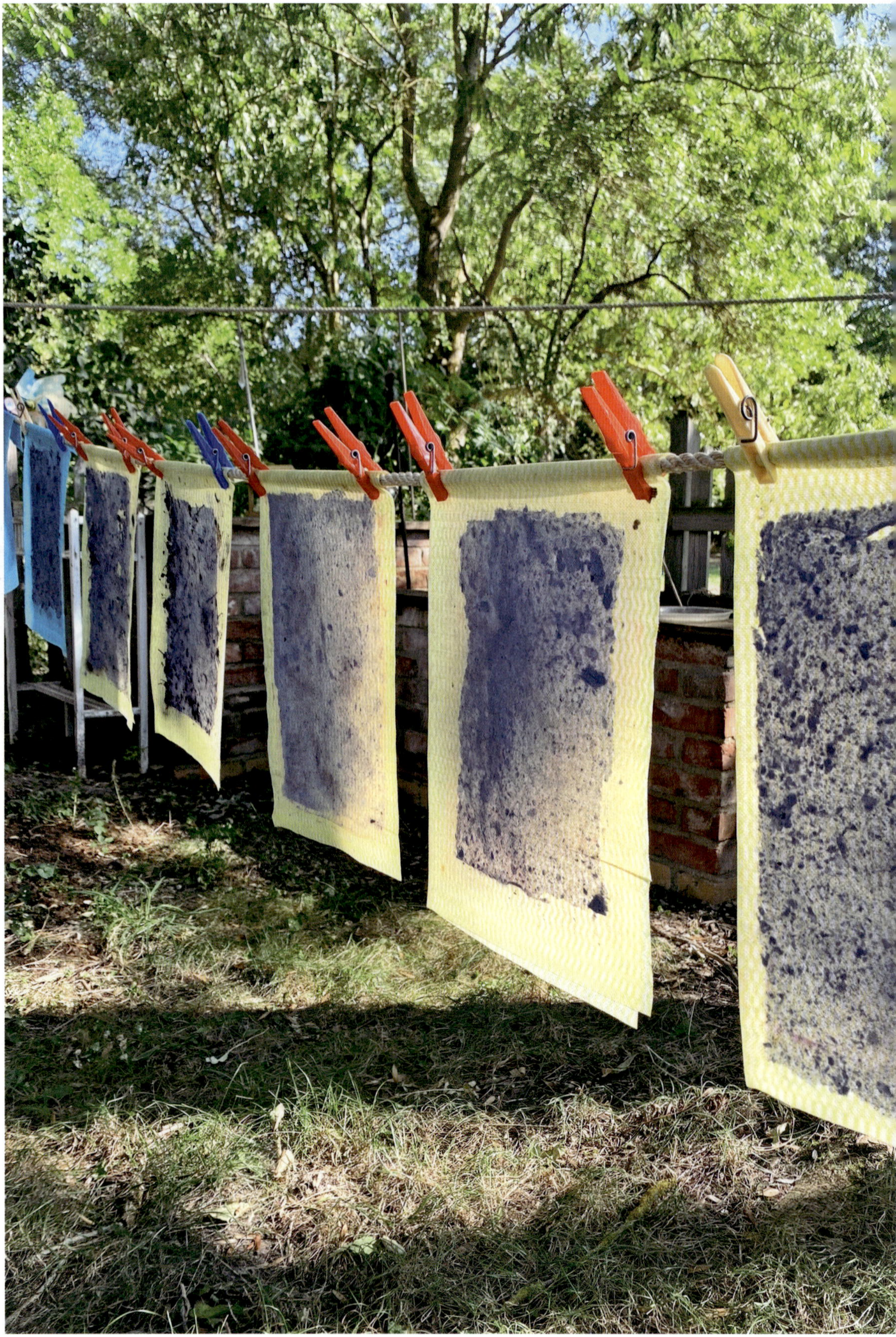

PRESSEN, TROCKNEN, IMPRÄGNIEREN

Nach dem Gautschen legen Sie den Pauscht in die Presse ein – die Höhe des Stapels hängt von der Größe und Kapazität Ihrer Presse ab – und pressen die Papiere etwa 15 Minuten. Fangen Sie das herausgepresste Wasser mit Handtüchern auf. Statt einer Presse können Sie auch ein Nudelholz einsetzen. Achten Sie darauf, dass Sie keine Falten in die Papiere einpressen. Anschließend hängen Sie die einzelnen Gautschtücher samt den darauf haftenden Papieren auf die Wäscheleine. Setzen Sie die Wäscheklammern so, dass diese die Papierbogen nicht berühren. Das Trocknen auf der Leine kann abhängig von der Außentemperatur und der Dicke des Papiers bis zu zwei Tage dauern. Die Papiere haften während des Trocknens fest an den Gautschtüchern. Sind die aus Altpapier geschöpften Papiere vollständig getrocknet, lassen sie sich in der Regel gut von den Gautschtüchern abziehen. Dies gilt nicht unbedingt für reine Pflanzenpapiere: Hier ist oft mehr Geduld gefragt.

Die Papiere sind nun meistens noch gewellt und müssen erneut gepresst oder bei mäßiger Temperatur zwischen Baumwolltüchern gebügelt werden.

Wollen Sie Ihre handgeschöpften Papiere als Schreibpapier nutzen, müssen Sie sichergehen, dass das Papier Tinte etc. aufnehmen kann. Bei aus Altpapier geschöpften Papieren ist dies in der Regel der Fall. Ungeleimte Papiere wie Pflanzenpapiere müssen imprägniert werden, damit sie beschrieben werden können. Sie haben bei der Herstellung der Pulpe die Möglichkeit, Ihrem Faserbrei Dispersionsleim zuzugeben (zwei Esslöffel auf einen Liter Brei). Häufig hilft auch das Besprühen des trockenen Papiers mit Wäschestärke. Das beste Ergebnis haben wir jedoch erzielt, als wir das getrocknete Papier mit Gelatine bestrichen haben. Lassen Sie es anschließend trocknen und bügeln Sie kurz darüber.

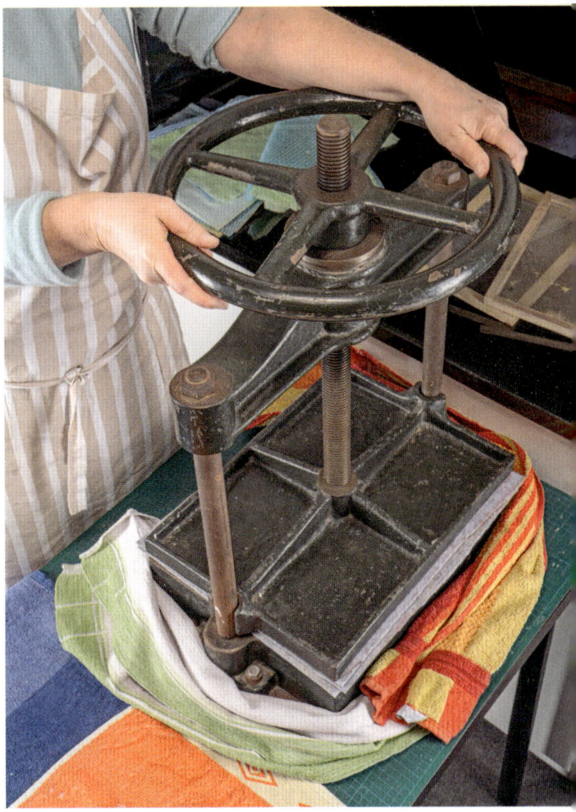

1 Den Pauscht in die Presse einlegen und die Papiere mindestens eine Viertelstunde pressen. Das herausgepresste Wasser mit Handtüchern auffangen.

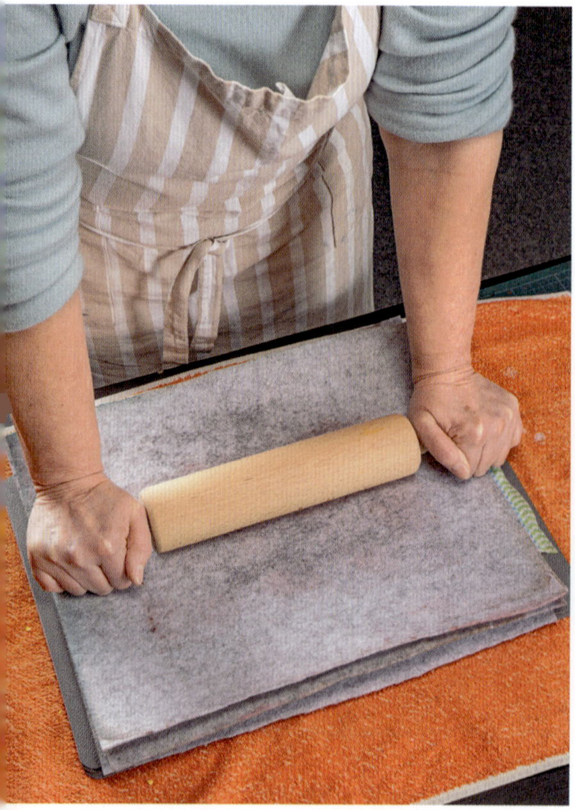

2 Alternativ das Wasser mit dem Nudelholz auspressen.

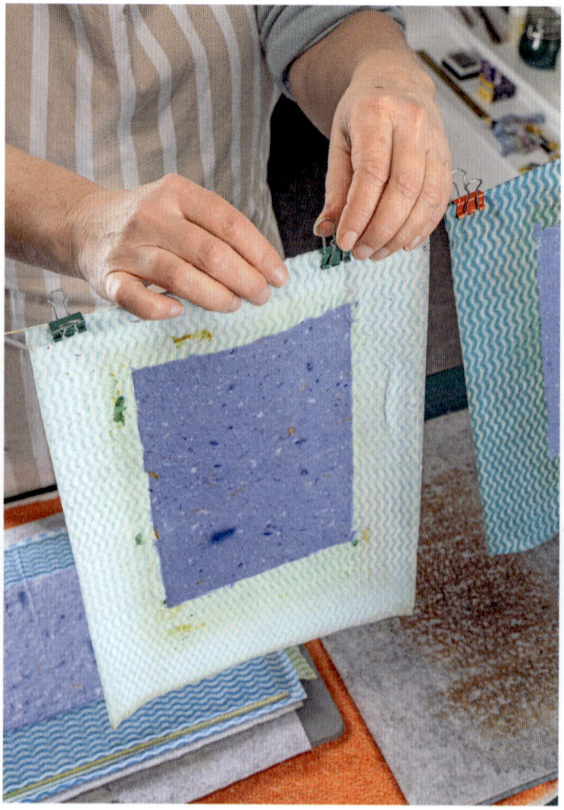

3 Die Gautschtücher mit den Papieren zum Trocknen aufhängen. Dabei darauf achten, dass die Klammern nur die Tücher und nicht die Papiere berühren.

Material
Gautschtücher mit Papiervliesen
Presse oder Nudelholz
Handtücher, Wäscheklammern
Wäscheleine oder Wäscheständer
evtl. Bügeleisen, evtl. Gelatine

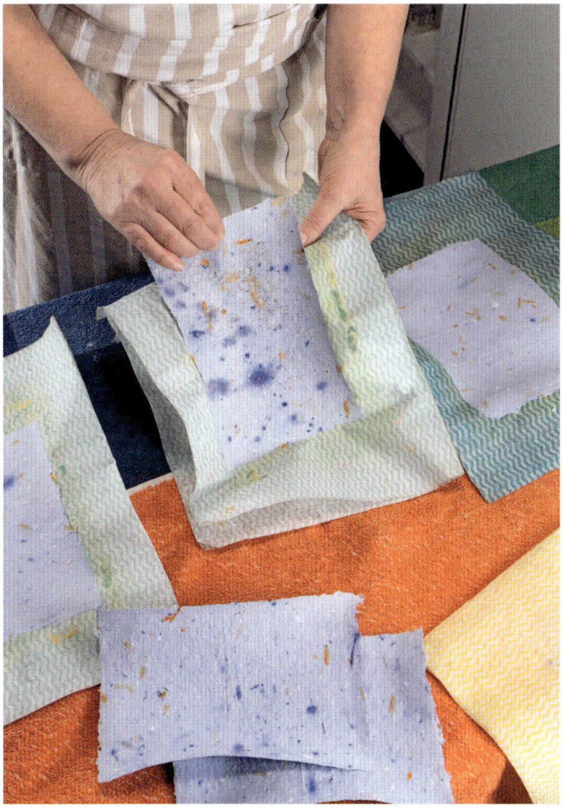

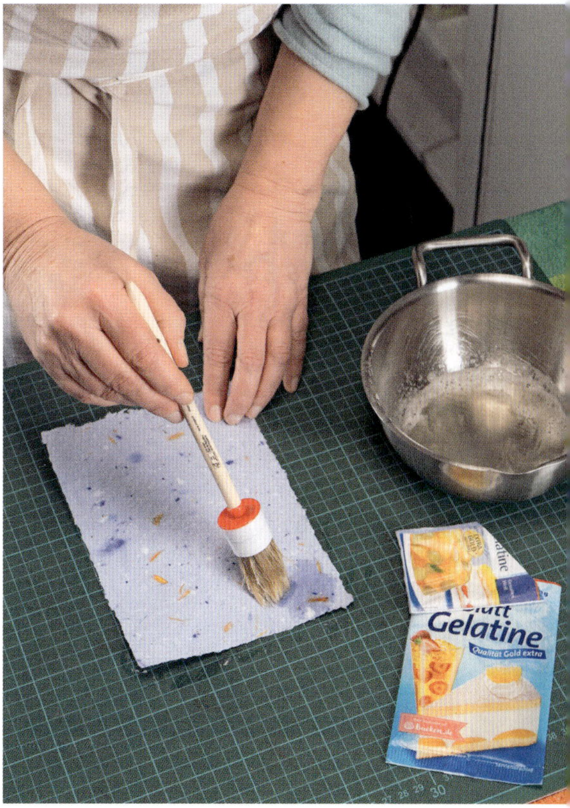

4 Das trockene Papier vom Gautschtuch abziehen. Anschließend erneut pressen oder durch Bügeln glätten.

5 Um ungeleimte Papiere zu imprägnieren, Gelatine anrühren und das getrocknete Papier gleichmäßig damit bestreichen. Nach dem Trocknen noch einmal kurz über das Papier bügeln.

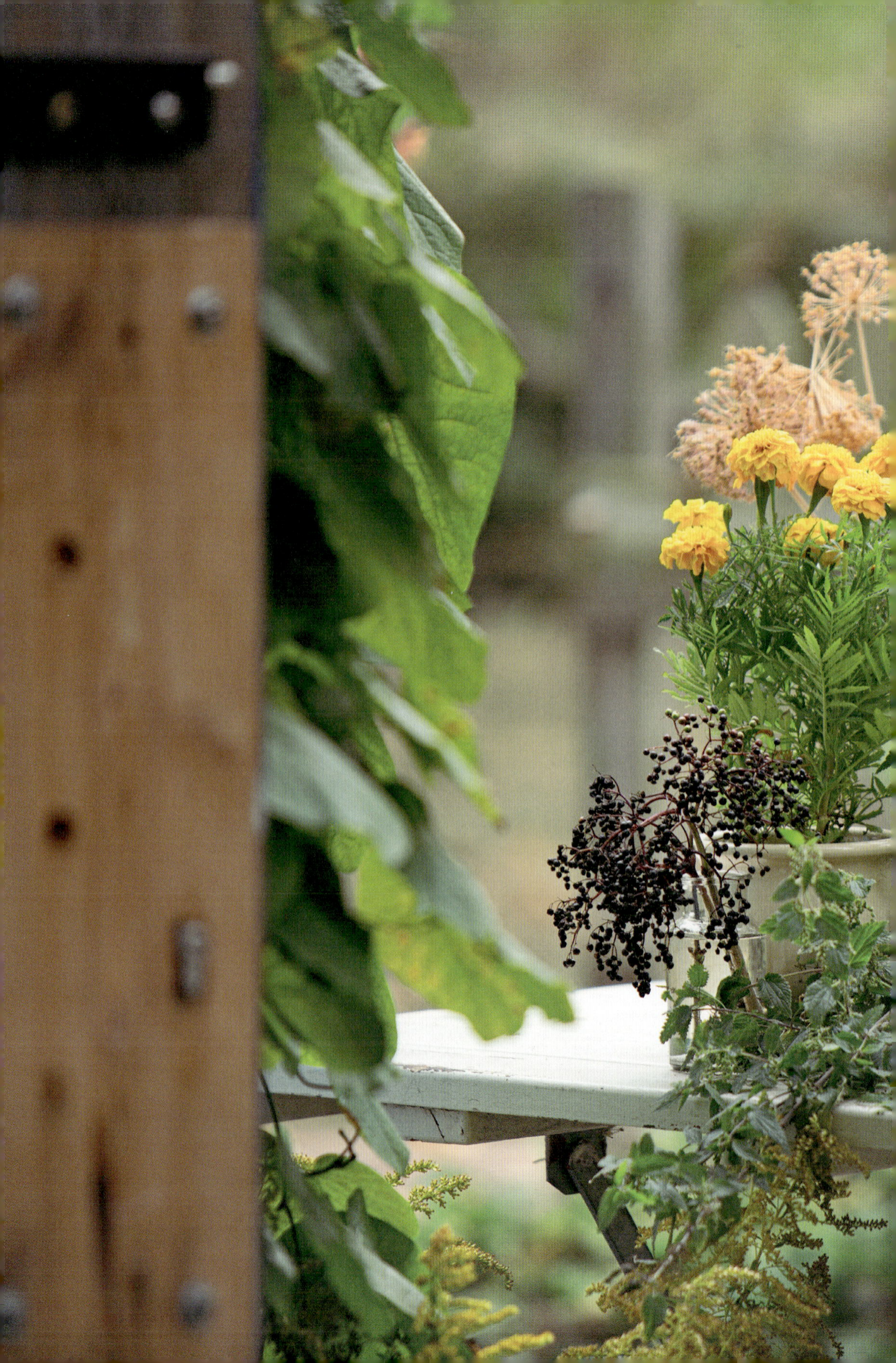

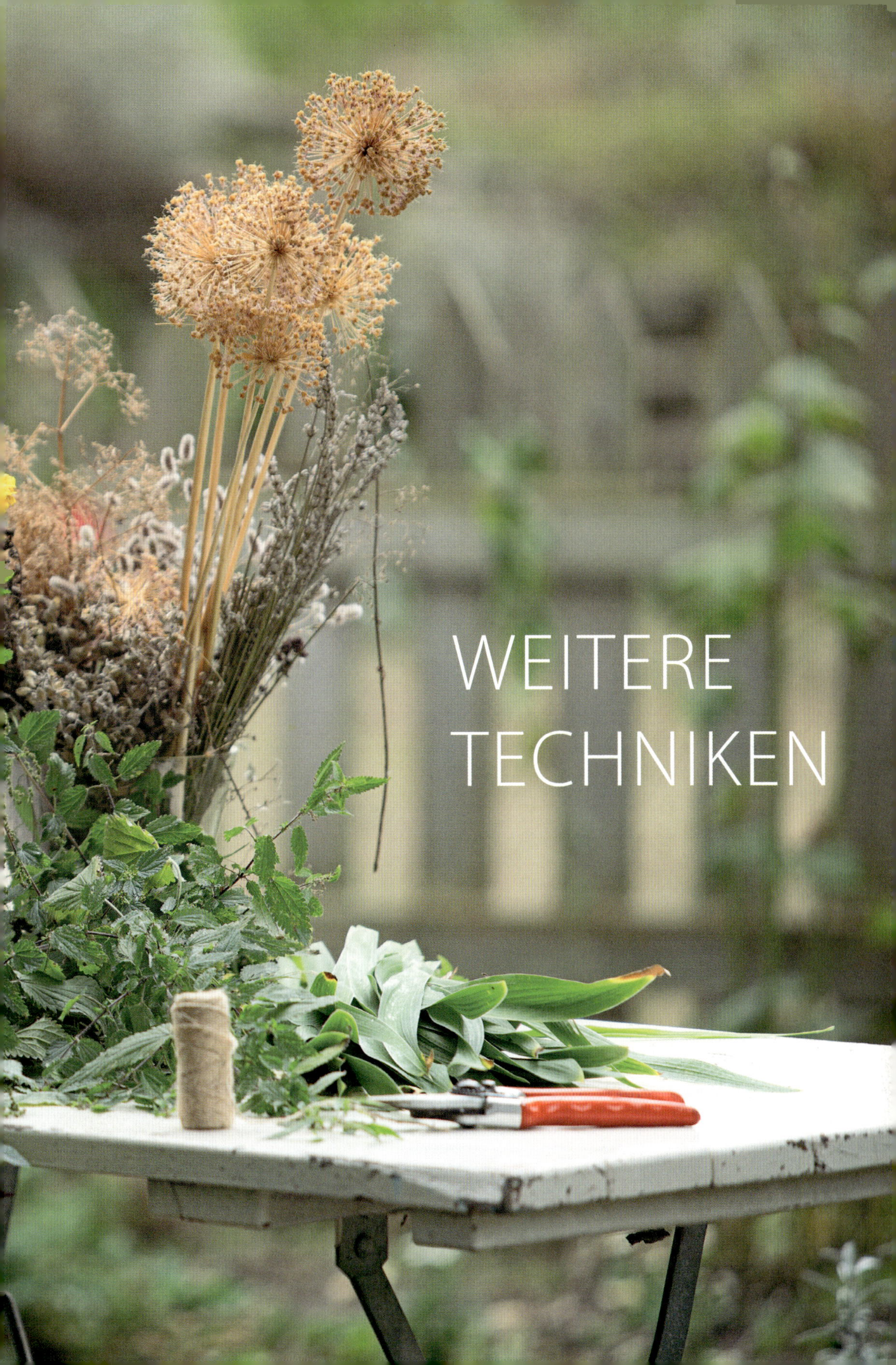

WEITERE TECHNIKEN

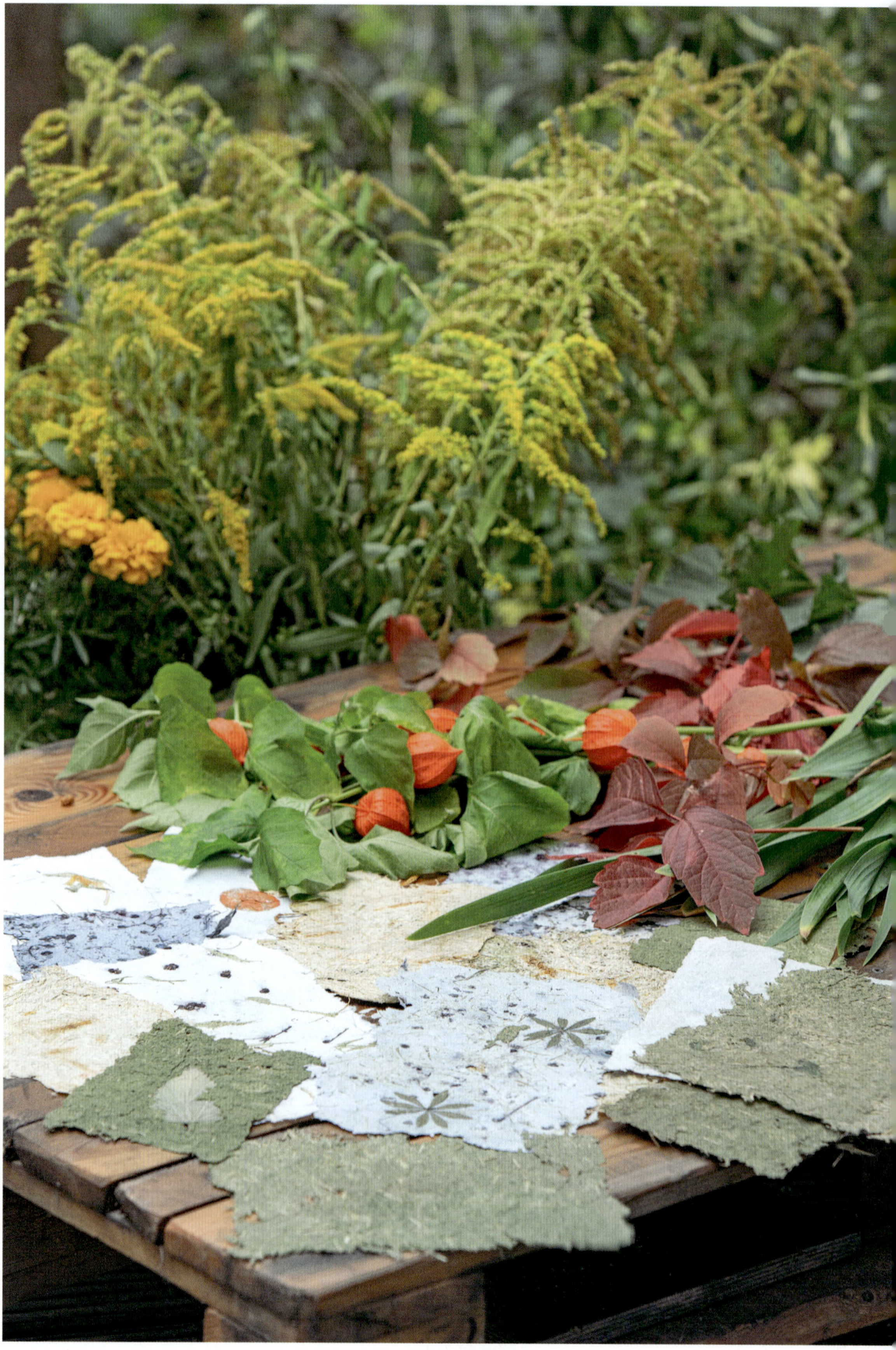

PFLANZENPAPIERE schöpfen

Durch das Einschöpfen von pflanzlichem Material bekommen handgeschöpfte Papiere interessante Oberflächenstrukturen. Man kann die Fasern vieler Pflanzen aber auch nutzen, um reine Pflanzenpapiere herzustellen. Nach unserer Erfahrung eignen sich insbesondere langfaserige Pflanzenteile für das Schöpfen von Papieren.

Wir arbeiten zumeist mit frischem Pflanzenmaterial, grundsätzlich ist es aber auch möglich, getrocknete Pflanzenteile zu verwenden, wie trockenes Laub. Wenn Sie Pflanzenpapiere schöpfen wollen, sollten Sie experimentierfreudig sein. Verändern Sie beispielsweise Mengenverhältnisse und Kochzeiten und notieren Sie Ihre Beobachtungen, um beim nächsten Schöpfprozess zu noch besseren Ergebnissen zu gelangen.

Damit sich die Pflanzen zu einem Papiervlies verbinden, müssen die Fasern aufgeschlossen werden. Das Aufschließen geschieht, indem man die Pflanzen in kleine Stücke schneidet, in Wasser einweicht – gerne einen ganzen Tag oder länger – und anschließend unter Zugabe von 20 g Waschsoda (Natriumcarbonat, Na_2CO_3) pro Liter Wasser mindestens eine Stunde köcheln lässt. Soda findet man in Drogeriemärkten bei den Waschmitteln. Diese alkalische Lösung hilft, die Pflanzenteile aufzuschließen und die Fasern zu verbinden, ist aber nicht bei jeder Pflanze unbedingt nötig.

Rühren Sie die Pflanzenmasse von Zeit zu Zeit um. Danach muss der Pflanzenbrei in einem Sieb gründlich ausgewaschen und im Mixer mit viel Wasser zerkleinert werden.

Manche Pflanzenpapiere lassen sich anschließend wie gewohnt schöpfen, allerdings sollte das Mischungsverhältnis zwischen Faserbrei und Wasser etwa 1 : 5 betragen, nicht 1 : 9 wie bei Papierbrei aus Altpapieren. Bei anderen Pflanzenpapieren hat es sich bewährt, nur so viel Wasser in die Schöpfwanne zu geben, bis das Sieb knapp bedeckt ist, und dann das Sieb gleichmäßig mit Pflanzenfasern zu belegen.

Viele Pflanzenpapiere verändern während des Trocknens ihre Farbe oder die ursprüngliche Farbe verliert an Intensität.

Beim Gautschen müssen Sie schnell sein und sollten kaum mit dem Schwamm nachhelfen, weil sich die Pflanzenfasern sonst im Gitter verhaken. Seien Sie darauf vorbereitet, dass viele Pflanzenpapiere während des Trocknens ihre Farbe verändern oder die ursprüngliche Farbe an Intensität verliert. Das Abziehen vom Gautschtuch verlangt manchmal etwas Geduld.

Reine Pflanzenpapiere sind oftmals brüchiger als andere handgeschöpfte Papiere, können aber mit einem Fixierspray verstärkt werden. Ein Fixierspray kann im Übrigen auch dafür sorgen, dass sich Blütenfarben nicht verändern. Die Anwendung empfiehlt sich beispielsweise, wenn mit Einschlüssen von Rosenblättern gearbeitet wird.
Wollen Sie reine Pflanzenpapiere mit Tinte beschreiben oder bemalen, sollten Sie sie mit Wäschestärke einsprühen bzw. mit Gelatine bestreichen (siehe Seite 41).

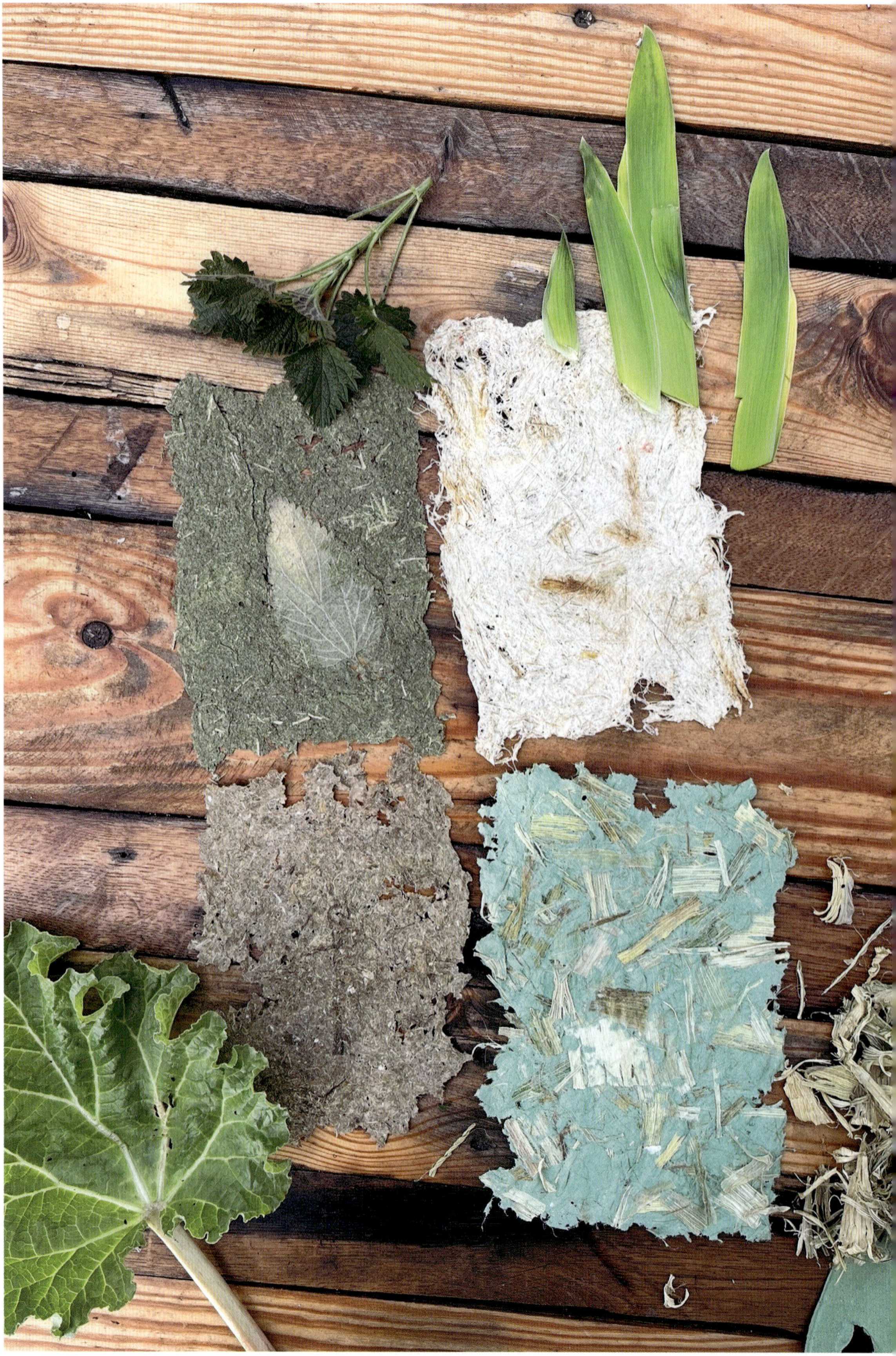

Pflanzenpulpen und Kombinationen mit Altpapier

Brennnesseln

Die Brennnesselstängel und -blätter klein rupfen oder schneiden und für eine längere Zeit in Wasser einweichen. Die eingeweichte Pflanzenmasse in einen Topf geben, 100 g Soda hinzugeben, kurz aufkochen und 30 bis 45 Minuten köcheln lassen. Dabei gelegentlich umrühren. Anschließend die Brennnesselmasse mit klarem Wasser auswaschen und abseihen. Die Masse im Mixer häckseln, bis ein feiner, dunkelgrüner Brei entstanden ist. Dann wie gewohnt schöpfen, gautschen, pressen, trocknen und erneut pressen. Für das Brennnesselpapier im Bild wurde noch ein einzelnes Brennnesselblatt mit eingeschöpft.
Zwölf große Brennnesselstängel ergeben ca. zehn Blätter Pflanzenpapier.

Material
12 Stängel frische Brennnesseln
5 l Wasser
100 g Soda

Rhabarberblätter

Die Rhabarberblätter grob zerkleinern und etwa zwei Stunden im Wasser kochen. Anschließend das Wasser abgießen und die Blätter gut spülen. Im Mixer unter Zugabe von etwas Wasser zerkleinern, danach erneut abspülen. Die Papiere nicht zu dünn schöpfen. Nach dem Trocknen das Rhabarberpapier vorsichtig vom Gautschtuch abziehen. Es ist häufig brüchig und reißt sehr leicht.

Material
15 Rhabarberblätter
5 l Wasser

Irisblätter

Um die Fasern aufzuschließen, mit einer Gabel über beide Blattseiten der Irisblätter kratzen. Die Blätter in ca. 5 cm lange Stücke schneiden, in einen Topf geben und mit Wasser bedeckt unter Zugabe von 200 g Soda etwa zwei Stunden köcheln. Danach die Blätter gut abspülen und im Mixer zerkleinern. Im Folgenden die Papiere wie gewohnt schöpfen. Die kräftige grüne Farbe der Blätter verändert sich und die Papiere haben nach dem Trocknen einen hellen Beige- bis Gelbton.

Material
25 Irisblätter
Gabel
10 l Wasser
200 g Soda

Maisblätter und Eierkarton

Die Maisblätter zerrupfen und über Nacht in 5 l Wasser einweichen. Die Masse in einen Topf geben und unter Zugabe von 100 g Soda etwa 45 Minuten köcheln. Die Blätter gut abspülen, mit der Eierkartonpulpe in den Mixer geben und mit etwas Wasser kurz durchmixen. Die Papiere wie gewohnt schöpfen.

Material
6 Maisblätter
5 l Wasser
100 g Soda
Pulpe aus einem grünen Eierkarton

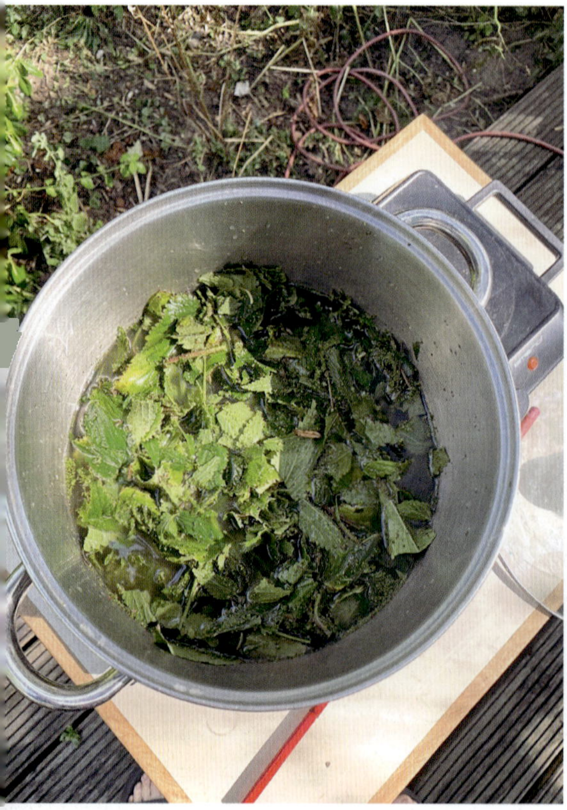

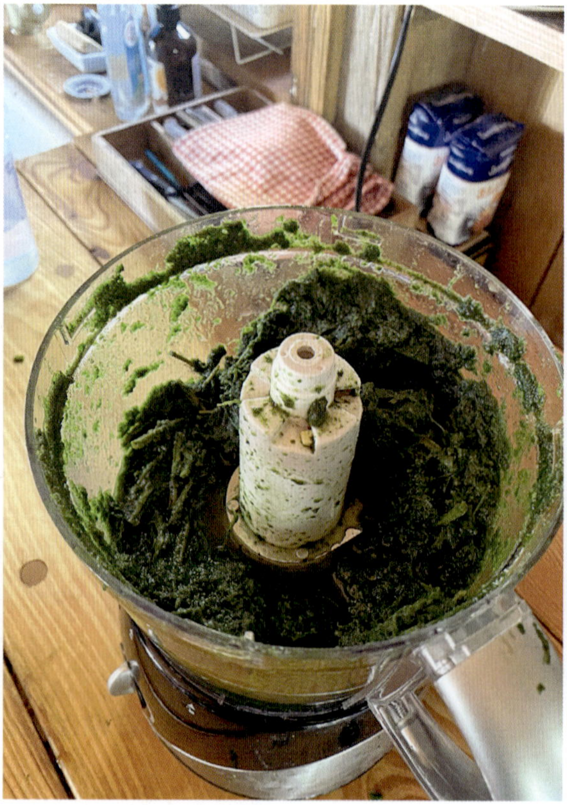

1 Für reines Brennnesselpapier die Brennnesselblätter und -stängel klein rupfen und schneiden. Alles in Wasser einweichen. Dann die Masse in einen Topf geben und unter Zugabe von Soda etwa 30 bis 45 Minuten köcheln lassen. Dabei gelegentlich umrühren. Anschließend die Brennnesselmasse in klarem Wasser spülen.

2 Die Pflanzenmasse in den Mixer geben und so lange häckseln, bis ein feiner, dunkelgrüner Brei entstanden ist.

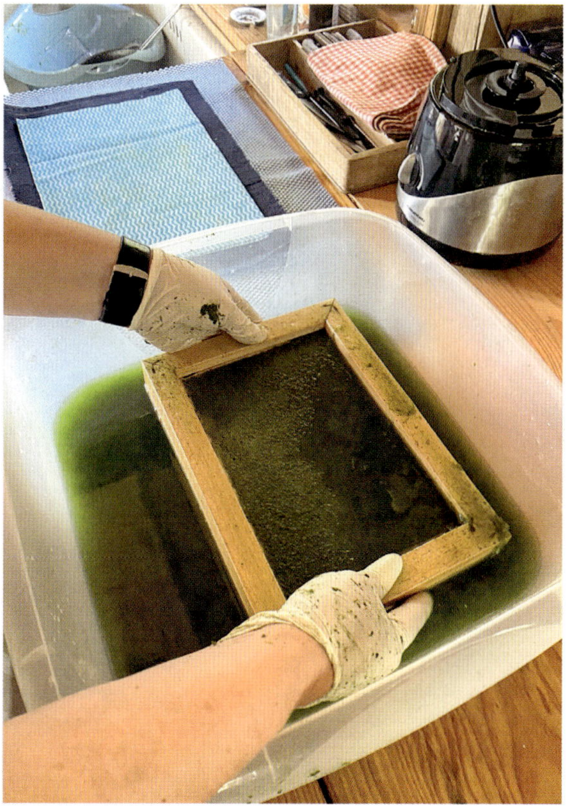

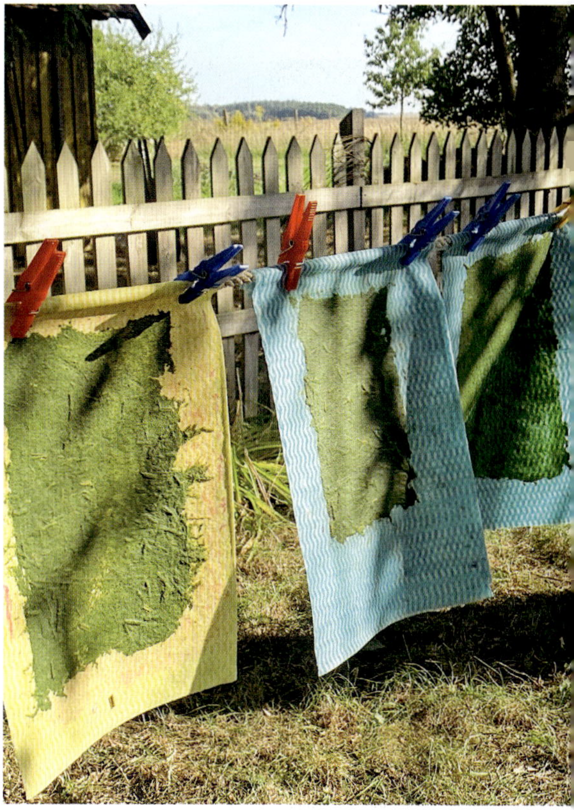

3 In der Schöpfwanne eine Mischung aus einem Teil Brennnesselbrei und fünf Teilen Wasser ansetzen und wie gewohnt schöpfen. Oder den Schöpfrahmen in die mit wenig klarem Wasser gefüllte Schöpfwanne legen und von Hand gleichmäßig mit Brennnesselbrei belegen.

4 Das Brennnesselpapier wie üblich gautschen, pressen und anschließend auf der Leine trocknen. Danach die getrockneten Papiere vorsichtig von den Gautschtüchern abziehen und erneut pressen.

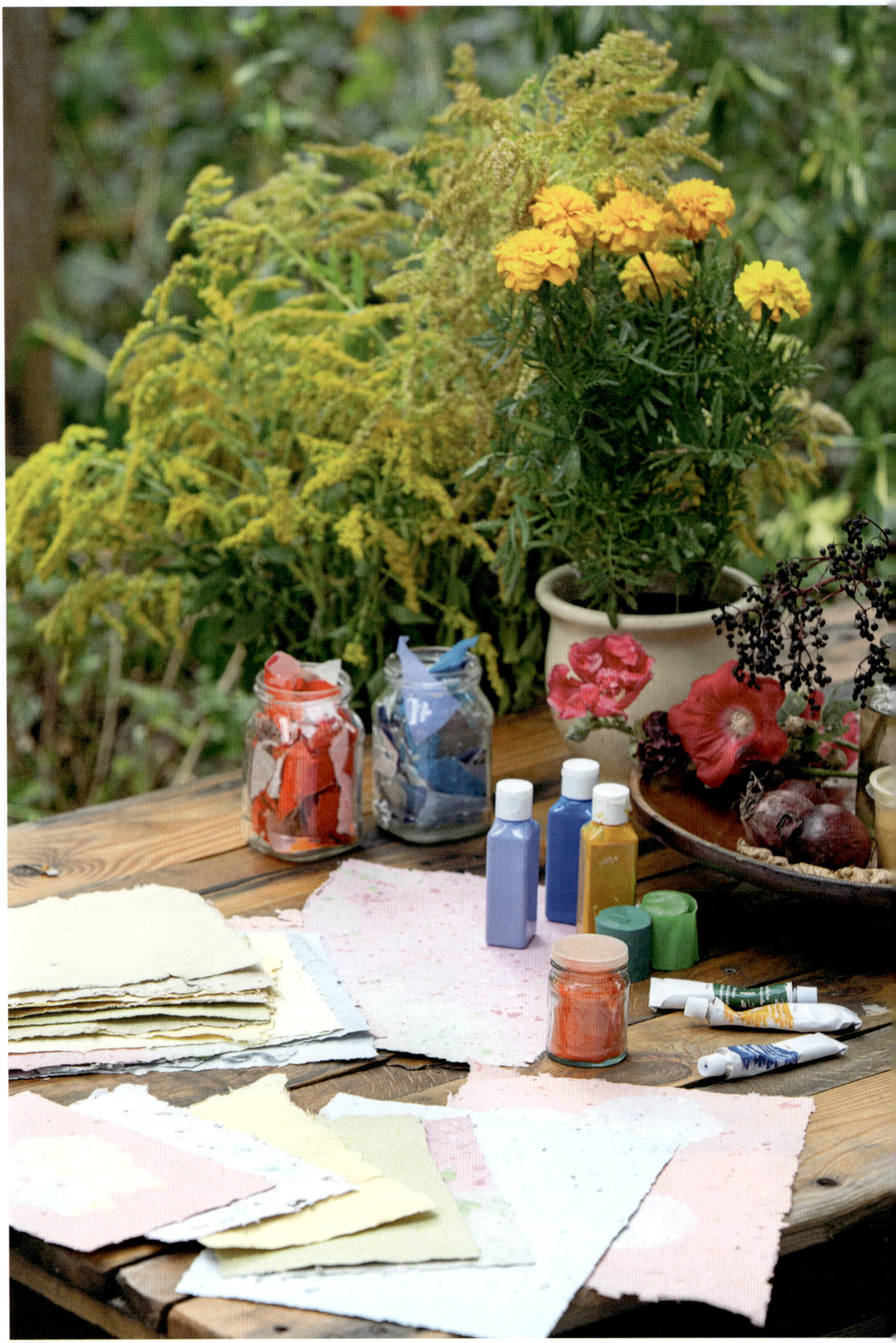

PAPIERE färben

Um selbst geschöpfte Papiere farbig zu gestalten, hat man verschiedene Möglichkeiten. Die folgenden Verfahren lernen Sie hier kennen:

- Altpapiere nach Farben sortiert sammeln und jeweils zu farbiger Pulpe verarbeiten
- Unbunten Papierbrei mit Textilfarben, Lebensmittelfarben oder Farbpigmenten einfärben
- Unbuntem Papierbrei durch einen Sud aus pflanzlichem Färbematerial eine Farbe geben

Während des Schöpfens lassen sich verschiedenfarbige Pulpen auch mischen. So kann beispielsweise das Sieb mit einem Farbbrei nur teilweise bedeckt und auf der anderen Seite mit einer weiteren farbigen Pulpe gefüllt werden. Außerdem können Sie andersfarbigen Papierbrei auf das Schöpfgut aufträufeln oder farbige Formen, die mithilfe separat zugeschnittener Schöpfgitter hergestellt wurden, auf gegautschte Papierflächen auflegen.

Es ist immer wieder aufregend zu sehen, welche Farbe das Papier nach dem Trocknen angenommen hat.

Farbiges Altpapier

Interessante und individuelle Ergebnisse lassen sich erzielen, wenn man Altpapiere nach Farben sortiert sammelt und zu farbiger Pulpe verarbeitet. Geeignet sind Geschenkpapiere, Servietten, Werbematerial, Seidenpapier oder Verpackungen. Beschichtete Papiere, Thermopapiere und Papiere, die sehr viel Druckerschwärze enthalten, sollten Sie nicht verwenden. Unbedingt entfernt werden müssen sämtliche Klebestreifen und jegliche Folien.

Das Papier wird wie gewohnt in 3 bis 4 cm große Stücke gerissen. Anschließend sollten Sie die Schnipsel in einem Eimer mit Wasser übergießen und am besten über Nacht einweichen. Nach dem Zerkleinern und Pürieren entsteht eine farbige Papiermasse, die meist nicht vollkommen homogen ist. Das heißt, nach dem Schöpfen und Trocknen erhält man ganz besondere farbige Papiere, die häufig andersfarbige Einsprengsel oder sogar Schriftzüge aufweisen.

Fertige Farben aus dem Handel

Um handgeschöpftem Papier eine intensive Färbung zu verleihen, eignen sich auch Textil- oder Lebensmittelfarben und andere im Fachhandel erhältliche Farben. Farbpulver und Pigmente sollten zunächst in heißem Wasser aufgelöst werden. Die flüssigen Farben geben Sie dem pürierten Papierbrei bei, bevor der Brei in der Schöpfwanne mit Wasser vermengt wird. Um einen neuen Farbton zu erreichen oder einen Farbton zu intensivieren, können Sie flüssige Farben allerdings auch nachträglich zur im Wasser verteilten Schöpfmasse in die Wanne träufeln (siehe Seite 29).

Natürliche Farbstoffe

Herrliche Farbtöne lassen sich erzielen, wenn Sie pflanzliches Färbematerial einsetzen. In der Regel werden die Färberpflanzen in Wasser gekocht, gefiltert und zusammen mit dem Papierbrei erneut aufgekocht. Eine schöne Farbigkeit lässt sich z. B. mit Tagetesblüten, roten Zwiebelschalen, Kurkuma, Holunderbeeren sowie Tee- und Kaffeesatz erreichen. Es ist immer wieder aufregend zu sehen, welche Farbe das Papier nach dem Trocknen angenommen hat.

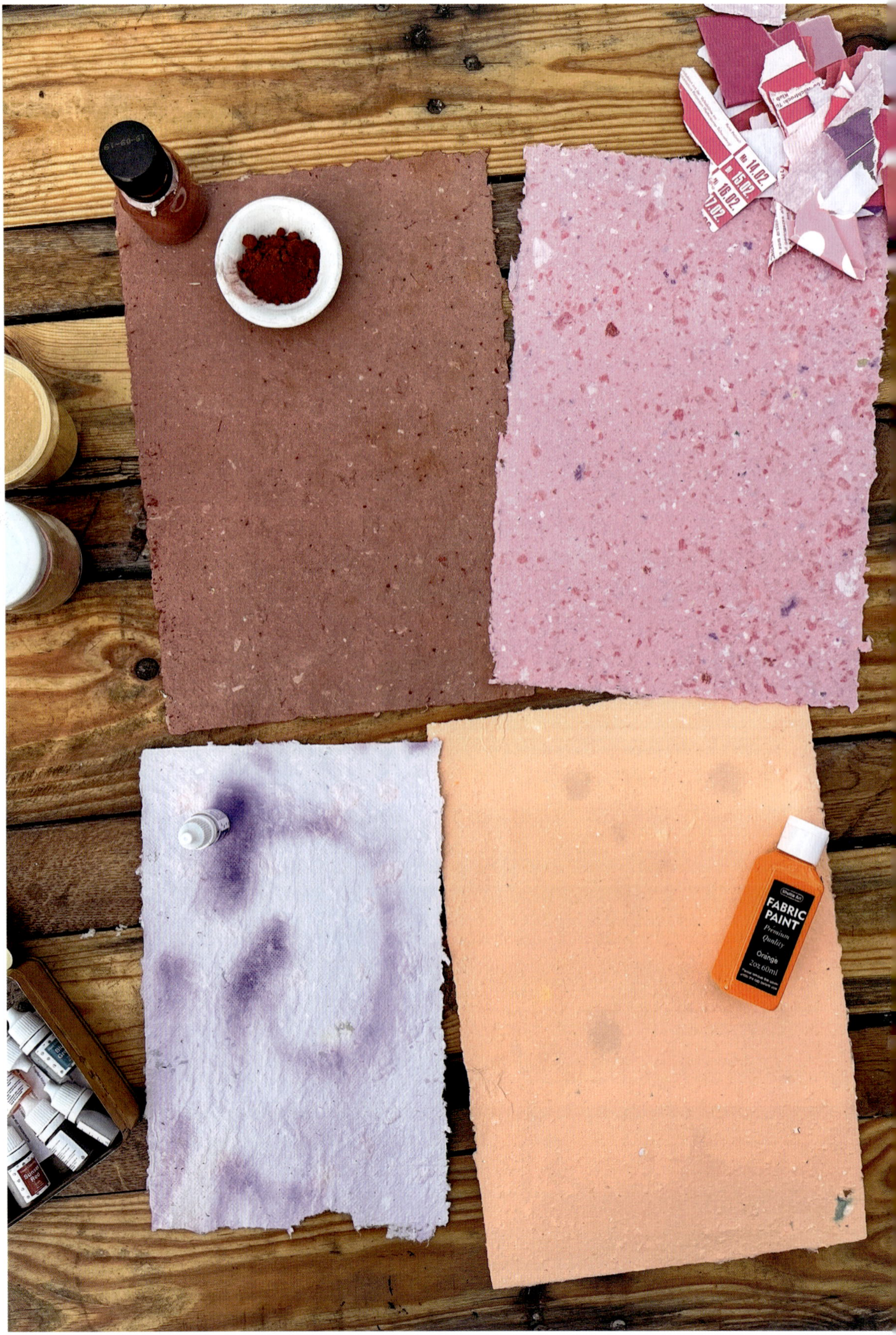
FABRIC
PAINT
Premium
Quality
Orange
2oz 60ml

Farbiges Altpapier und Farben aus dem Handel

Mit Pigmenten gefärbtes Papier

Das Pigment in etwas heißem Wasser auflösen und dem gemixten Papierbrei zugeben. Anschließend den Brei mit Wasser im Mischungsverhältnis von einem zu neun Teilen in die Schöpfwanne geben und das Papier wie üblich schöpfen.

Material
ca. 1 EL Farbpigment
Pulpe aus Büroaltpapier

Mit Lebensmittelfarbe gefärbtes Papier

Pulpe aus Büroaltpapier herstellen. Lebensmittelfarbe hinzugeben, bis der gewünschte Farbton erreicht ist. Dabei berücksichtigen, dass sich die Farbe des Papiers nach dem Trocknen häufig noch aufhellt. Den Brei mit Wasser im Verhältnis 1 : 9 mischen. Wenn die Farbe in der Schöpfwanne zu hell erscheint, noch etwas Lebensmittelfarbe zur Pulpe in der Bütte geben und mit der Hand durchrühren. Hat sich die Lebensmittelfarbe noch nicht vollständig im Wasser gelöst, können auf dem geschöpften Papier interessante Farbschlieren und -flecken erscheinen.

Material
ca. 10 ml Lebensmittelfarbe
Pulpe aus Büroaltpapier

Papier aus farbigem Altpapier

Geschenkpapiere, Verpackungen, Seidenpapier und Werbematerial (hier in Pink) nach Farben sortiert in 3 bis 4 cm große Schnipsel reißen. Die Papierschnipsel über Nacht in kaltem Wasser einweichen, dann mit dem Mixer zerkleinern. Die Pulpe zusammen mit Wasser im Verhältnis 1 : 9 in eine Schöpfwanne geben und wie gewohnt schöpfen, gautschen und pressen. Nach dem Trocknen erhält man farbige Papiere mit interessanten Einsprengseln. Die Farbe des getrockneten Papiers fällt zumeist heller aus als die Farbe der Pulpe.

Material
Pulpe aus farbigem Papier

Mit Textilfarbe gefärbtes Papier

Pulpe aus Büroaltpapier herstellen und nach Wunsch mit Textilfarbe einfärben. Dabei beachten, dass die Farbe des geschöpften Papiers nach dem Trocknen meistens sehr viel heller wird. Den gefärbten Papierbrei in einer Schöpfwanne mit Wasser mischen (im Verhältnis 1 : 9) und das Papier wie gewohnt schöpfen.

Material
ca. 30 ml Textilfarbe
Pulpe aus Büroaltpapier

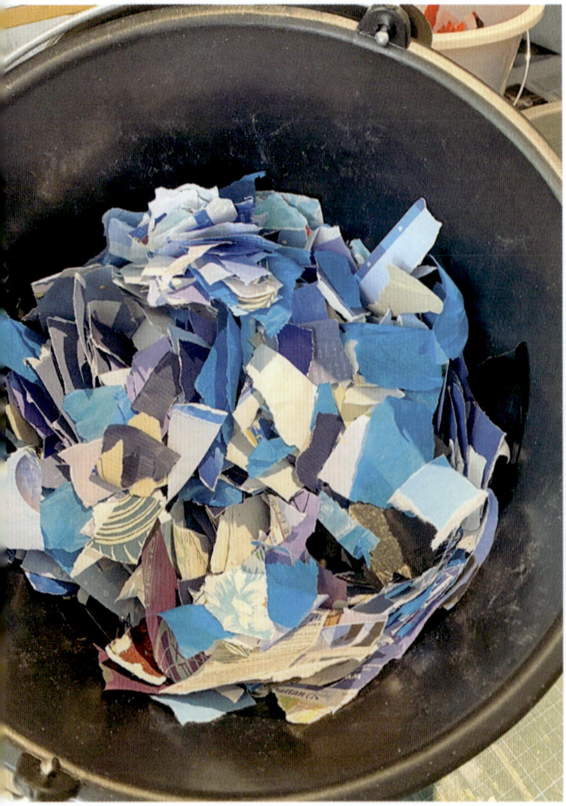

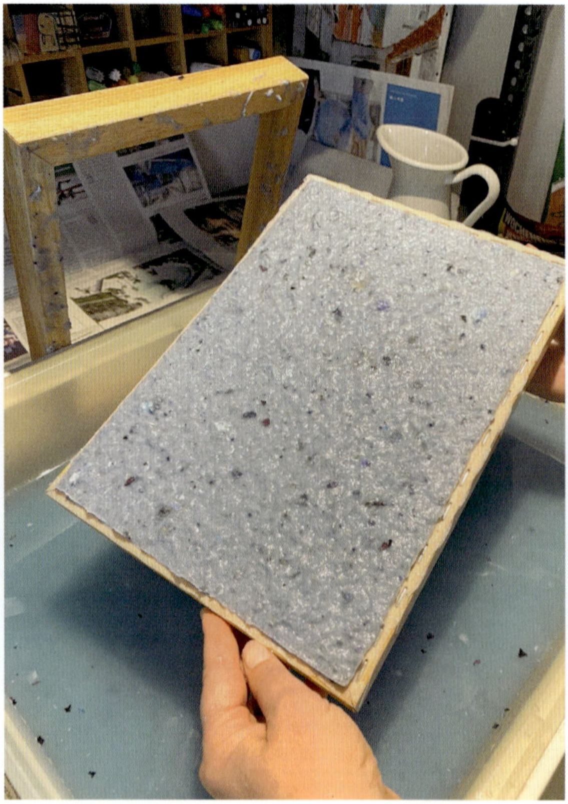

1 Papiere in verschiedenen Blautönen sammeln, in 3 bis 4 cm große Schnipsel reißen und in einen Eimer füllen. Die Schnipsel mit Wasser bedecken und über Nacht einweichen lassen. Dann mithilfe eines Mixers zu einem blauen Papierbrei verarbeiten.

2 In einer Schöpfwanne einen Teil Papierbrei mit neun Teilen Wasser mischen. Das Papier wie gewohnt schöpfen.

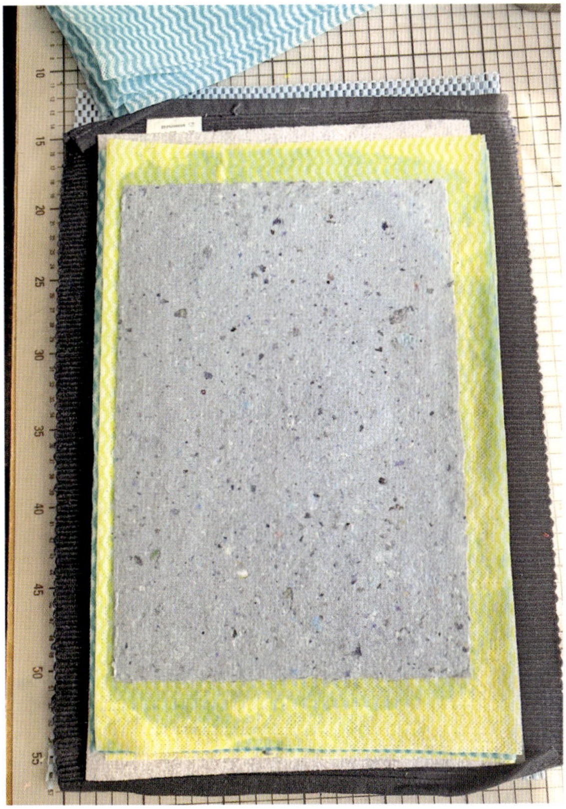

3 Den Basisrahmen auf einem Gautschtuch ablegen und vorsichtig abheben. Die verschiedenfarbigen Einsprengsel des Papierbogens sorgen für eine interessante Farbstruktur.

4 Nach dem Trocknen und Pressen hat sich das Blau des Papiers im Vergleich zur Pulpe leicht aufgehellt.

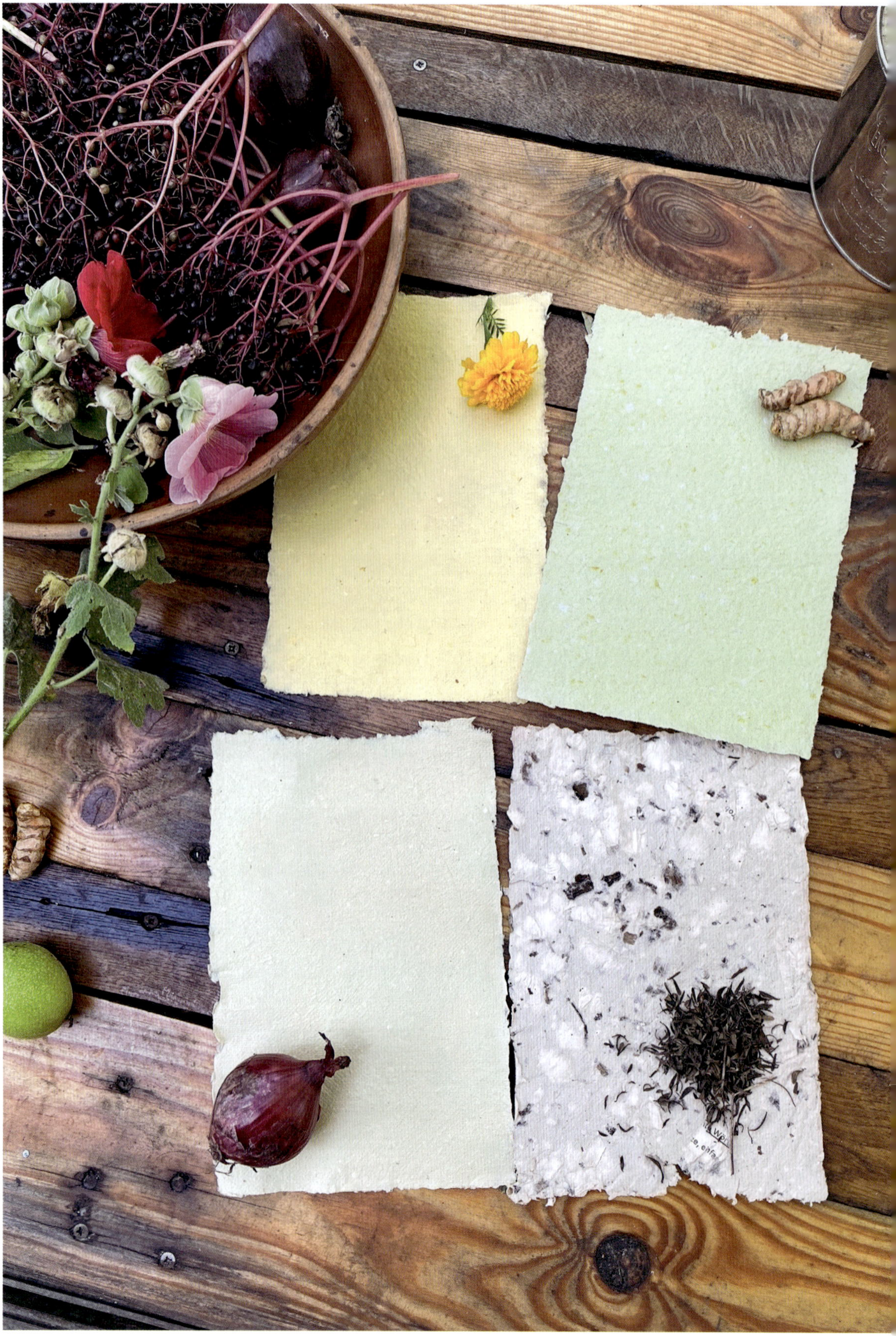

Natürliche Farbstoffe

Mit Tagetes gefärbtes Papier

Die Blütenblätter der Tagetes in einem halben Liter Wasser etwa 30 Minuten köcheln. Die festen Pflanzenteile absieben und den Farbsud in einem Topf auffangen. Es empfiehlt sich, das Sieb mit einem Tuch auszulegen. So können die groben Teile im Tuch ausgepresst werden und es geht nichts vom Farbsud verloren. Den vorbereiteten Papierbrei zum Farbsud in den Topf geben, kurz aufkochen und abkühlen lassen. Anschließend das Papier wie gewohnt schöpfen.

Material
ca. 1 EL Farbpigment
1 Handvoll Tagetesblüten (ca. 6 Blüten)
0,5 l Wasser

Farbergebnis: warmes Sonnengelb

Mit roter Zwiebel gefärbtes Papier

Die Zwiebelschalen in einem halben Liter Wasser etwa 45 Minuten köcheln. Die Brühe abfiltern und noch eine Weile stehen lassen. Gelegentlich umrühren. Danach den Papierbrei beimengen und einige Minuten im Farbbad belassen. Das Papier wie gewohnt schöpfen. Wie das Farbergebnis aussehen wird, lässt sich nicht genau vorhersagen. Hier hat sich ein zartes Khakigrün ergeben.

Material
1 Handvoll Schalen von roten Zwiebeln
0,5 l Wasser

Farbergebnis: Khakigrün bis Braun

Mit Kurkuma gefärbtes Papier

Am besten mit Handschuhen arbeiten und Arbeitswerkzeuge aus Metall verwenden (nicht aus Plastik), da Kurkuma sehr stark färbt. Die Kurkumawurzeln in kleine Stücke schneiden, in einen Topf geben und mit dem Wasser zusammen kurz aufkochen. Den Sud etwas abkühlen lassen und anschließend pürieren. Das Kurkumamus durch ein mit einem Tuch ausgelegtes Sieb seihen und den Farbsud in einer Metallschüssel auffangen. Den Papierbrei dazugeben und einige Minuten im Sud liegen lassen. Danach das Papier wie gewohnt schöpfen.

Material
100 g Kurkumawurzeln
0,25 l Wasser
Handschuhe

Farbergebnis: Zitronengelb bis Limonengrün

Mit schwarzem Tee gefärbtes Papier

Den Tee mit kochendem Wasser aufbrühen und noch eine Weile köcheln lassen. Anschließend können die Teeblätter abgeseiht oder im Sud belassen werden. Den Papierbrei beimengen und einige Minuten im Tee liegen lassen. Dann das Papier schöpfen. Hat man die Blätter im Sud belassen, ergeben sich interessante helle und dunkle Einsprengsel im Papier.

Material
6 TL schwarzer Tee
1 l Wasser

Farbergebnis: Hellbraun

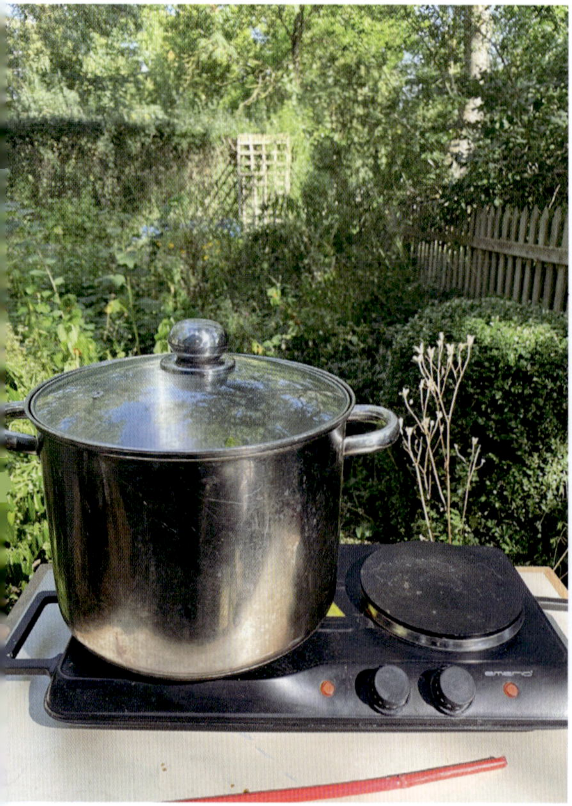

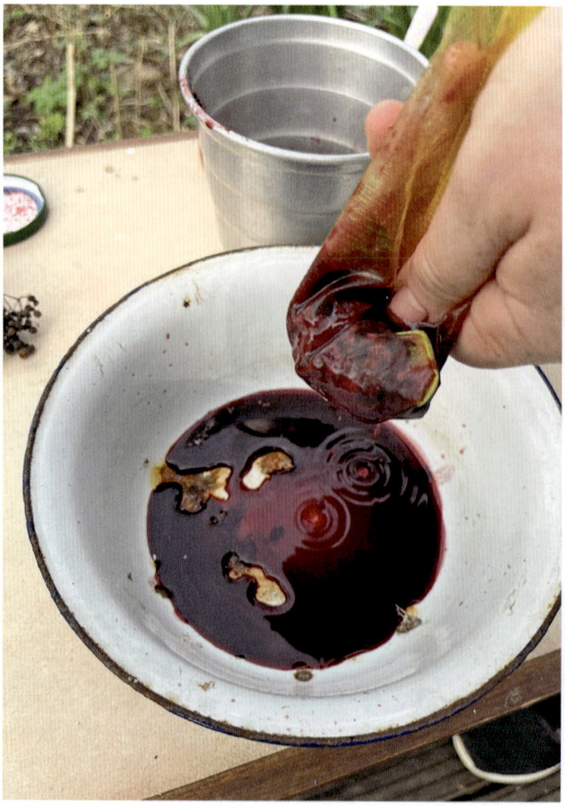

1 Die Schirmtrauben des Schwarzen Holunders eine halbe Stunde in Wasser köcheln.

2 Ein Sieb mit einem Tuch (aus Baumwolle oder wie hier aus Tüll) auslegen und über eine Schüssel legen. Die festen Pflanzenteile absieben und den Farbsud in der Schüssel auffangen. Die groben Teile im Tuch auspressen, damit nichts vom Farbsud verloren geht.

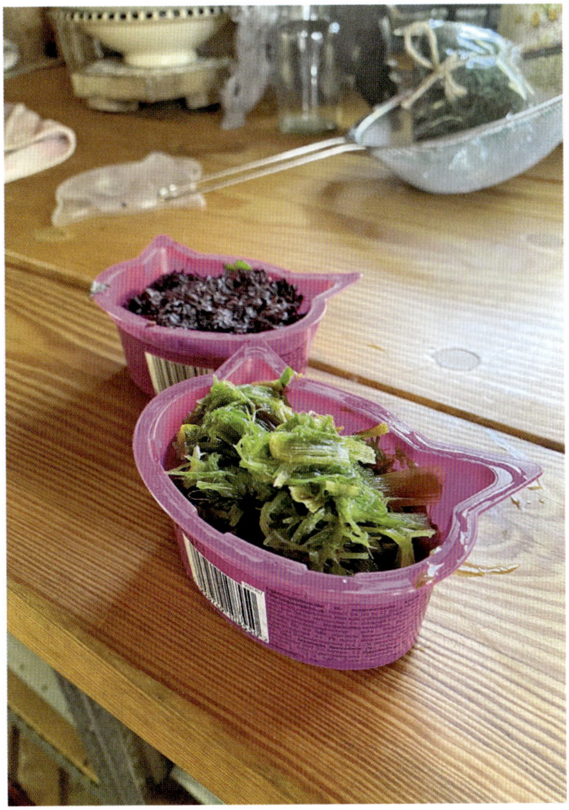

3 Grobe Pflanzenteile (hier vom Schwarzen Holunder und von Irisblättern) können separiert und später der Pulpe als Einschlüsse beigemengt werden.

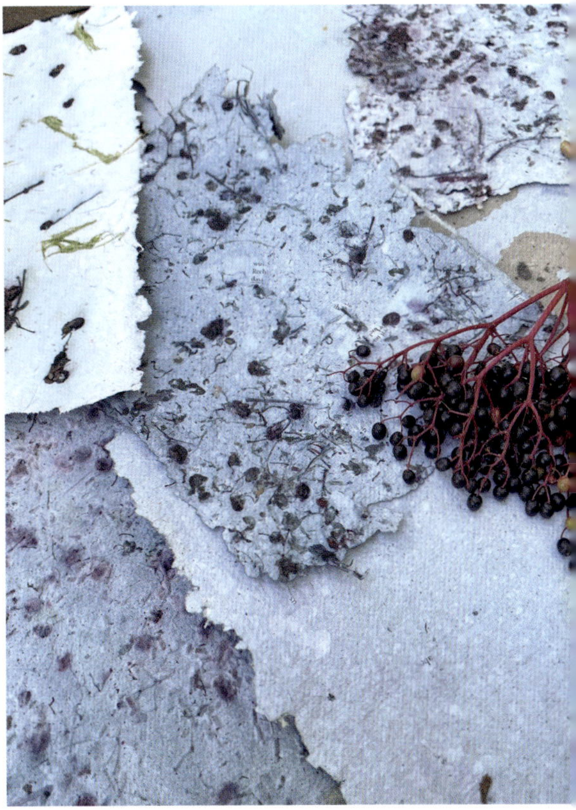

4 Den vorbereiteten Papierbrei zum Farbsud geben, kurz aufkochen und abkühlen lassen. Anschließend das Papier wie gewohnt schöpfen.

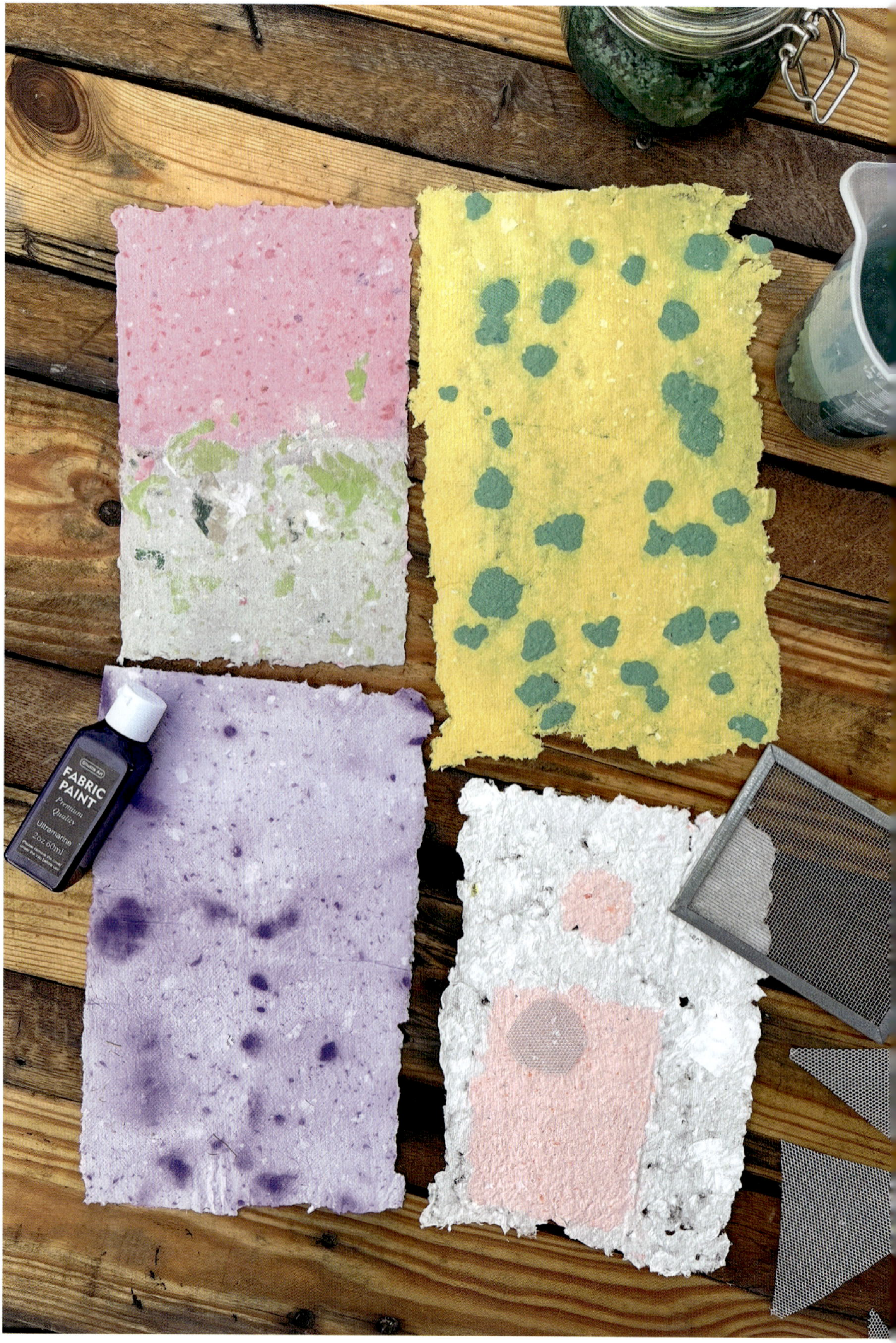
FABRIC PAINT
Premium Quality
Ultramarine
2oz 60ml

Mehrfarbige Papiere

Von zwei Seiten geschöpftes Papier

Mit dieser Methode können charmante Übergänge und Verläufe an den Farbkanten entstehen. Zuerst zwei verschiedenfarbige Pulpen ansetzen. Den Schöpfrahmen so in eine Pulpe eintauchen, dass das Gitter teilweise bedeckt wird. Den Rahmen drehen und die noch unbedeckte Fläche in die zweite Pulpe eintauchen. Unbedingt darauf achten, alle Lücken zwischen den Farbflächen zu schließen. Danach wie üblich abgautschen.

Material
ca. 1 EL Farbpigment
2 verschiedenfarbige Pulpen

Papier mit aufgeträufelter Farbe aus dem Handel

Einen Bogen Papier schöpfen. Vor dem Gautschen z. B. etwas Textilfarbe auf das Papiervlies aufträufeln. Die Punkte oder Flecken sorgen für interessante Farbstrukturen auf dem getrockneten Papier.

Material
Pulpe aus Büroaltpapier
einige Tropfen Textilfarbe

Papier mit aufgeträufelter andersfarbiger Pulpe

Zwei verschiedenfarbige Pulpen ansetzen. Den Schöpfrahmen in eine Pulpe eintauchen und einen Bogen schöpfen. Die zweite Pulpe in ein Gefäß (z. B. einen Messbecher) füllen und vor dem Gautschen auf das Papiervlies träufeln. Dabei Flecken, Punkte oder andere Formen bilden, die nach dem Trocknen des Papiers reizvolle Effekte ergeben.

Material
2 verschiedenfarbige Pulpen

Papier mit aufgegautschten Formen

Aus einem Drahtgitter (z. B. aus Fliegendraht) Formen zuschneiden. Das können geometrische Formen wie Kreise, Quadrate und Dreiecke, aber auch organische Formen und sogar Buchstaben sein. Bei Buchstaben muss allerdings bedacht werden, dass die Formen nach dem Abgautschen spiegelverkehrt erscheinen. Um eine rechteckige Form zu erzielen, kann man auch ein Spritzsieb einsetzen. Den Schöpfrahmen in eine Pulpe eintauchen und einen Bogen Papier wie gewohnt schöpfen und gautschen. Die Formen in die zweite Pulpe eintauchen und auf das abgegautschte, nasse Papiervlies gautschen.

Material
Spritzsieb
Fliegendraht
Schere oder Drahtschere
2 verschiedenfarbige Pulpen

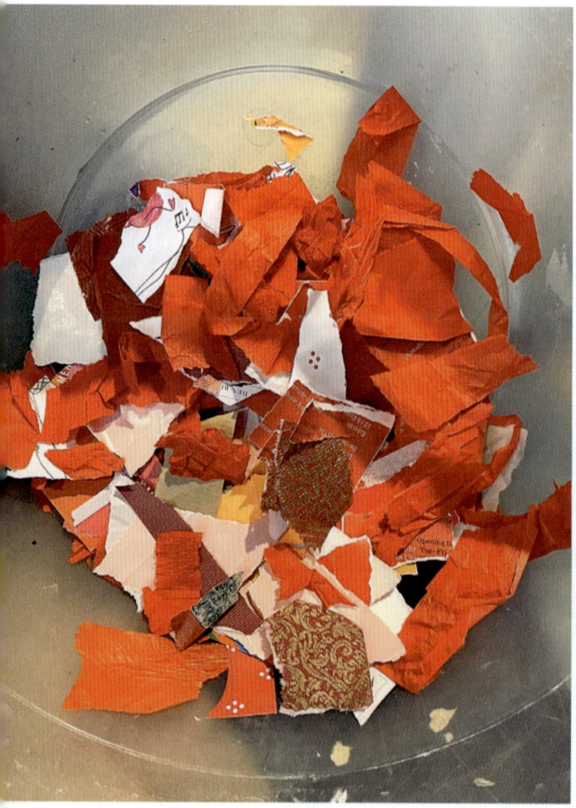

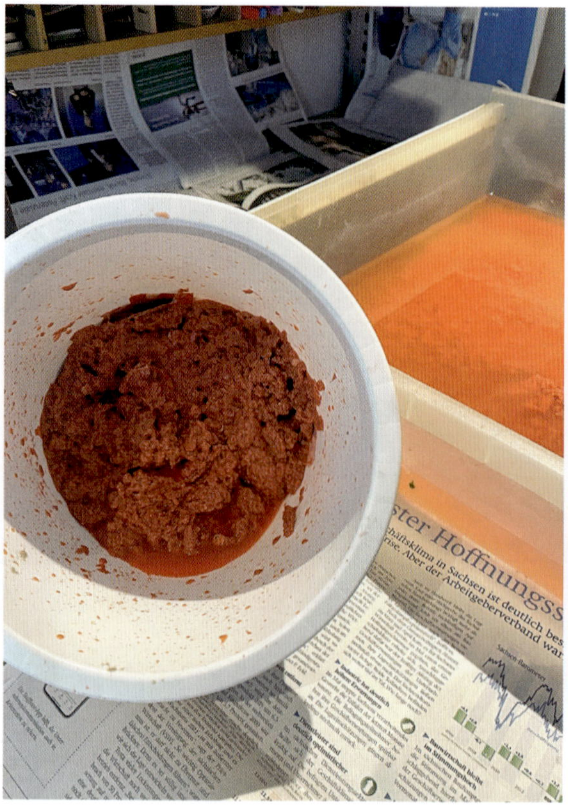

1 Verschiedene kräftig rote Papiere in 3 bis 4 cm große Schnipsel reißen. Die Papierschnipsel in einen Eimer geben und mit Wasser bedecken. Längere Zeit einweichen, am besten über Nacht.

2 Das eingeweichte Papier wie gewohnt pürieren und auf diese Weise eine rote Pulpe herstellen. Die Schöpfwanne mit Wasser füllen und den Brei hinzugeben. Die Mischung sollte auch hier etwa aus neun Teilen Wasser und einem Teil Papierbrei bestehen. Nicht vergessen, die Pulpe vor jedem Schöpfgang neu aufzurühren, da die Papierfasern in der Wanne sehr schnell nach unten sinken.

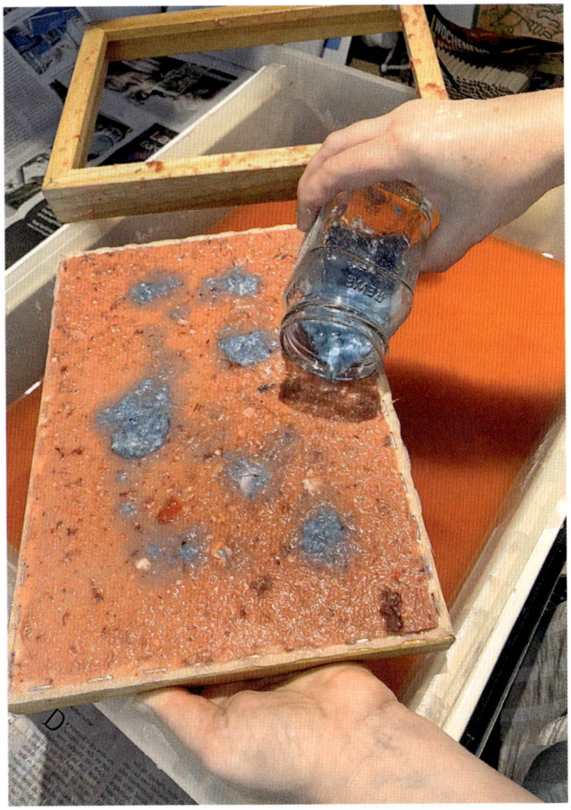

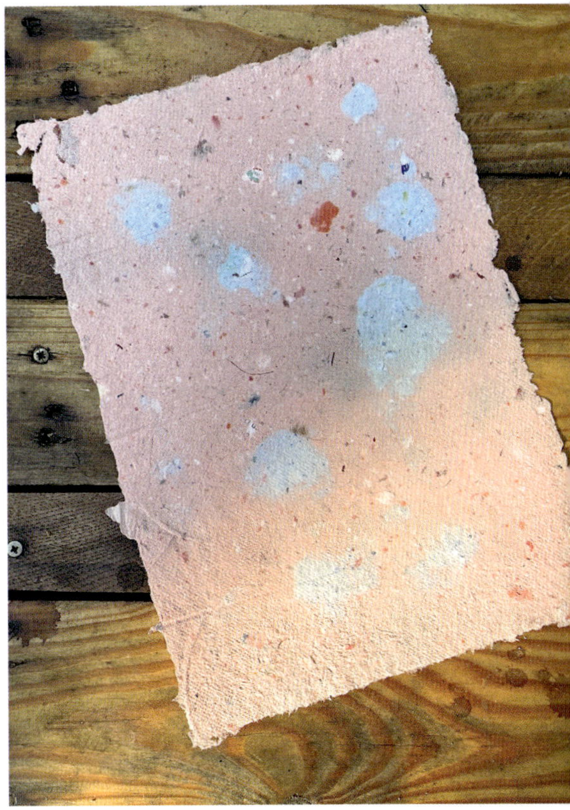

3 Auf die zuvor beschriebene Weise eine zweite Pulpe, z. B. in Blau, herstellen und eine kleine Menge in ein Glas oder eine Sahnespritze füllen. Mit dem Schöpfrahmen zunächst rotes Papier schöpfen, anschließend die blaue Pulpe nach Lust und Laune aufträufeln.

4 Den Bogen auf ein Wischtuch gautschen, danach pressen und trocknen lassen. Die Farbtöne werden nach dem Trocknen wesentlich heller. Das Aufträufeln der zweiten Farbe lässt interessante Muster entstehen.

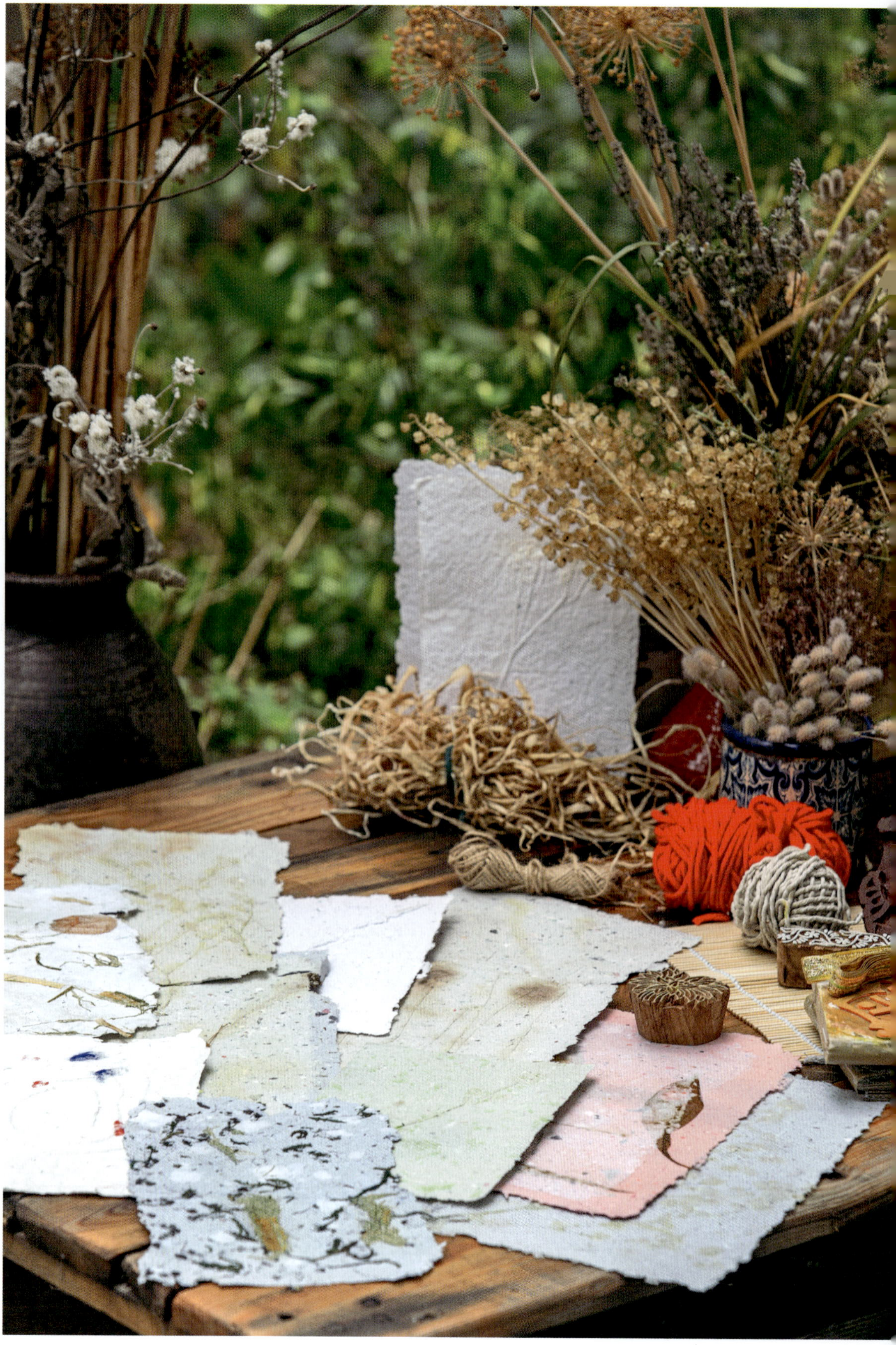

EINSCHLÜSSE und STRUKTUREN

Einzigartige Effekte und eine eindrucksvolle Wirkung erzielen Sie durch das Einschöpfen von pflanzlichen, textilen und anderen Zugaben sowie durch das Gaufrieren/Prägen.

Materialzugabe direkt in die Schöpfwanne

Der Pulpe in der Bütte können Sie gepresste Blüten, Blätter oder Gräser, Fäden, Stoffstücke, Konfetti, Glitter und vieles mehr zugeben (siehe Seite 29). Wie sich die Zugaben in der Pulpe verteilen, bleibt in erster Linie dem Zufall überlassen. Beachten Sie, dass viele gepresste Pflanzen bei diesem Vorgang ihre Farbe verlieren. Um beispielsweise die Rottöne von Rosenblättern zu erhalten, sollten Sie diese vor dem Einstreuen mit einem farblosen Spray fixieren. Streut man pflanzliches Material nach dem Schöpfen auf das Schöpfgut, besteht die Gefahr, dass es sich nach dem Trocknen wieder ablöst. Mit fest eingepressten und wieder aus dem Papier gelösten Pflanzenteilen können Sie aber ähnliche Prägeeffekte erzielen wie durch den im Folgenden beschriebenen Prägedruck.

Einschöpfen von Fremdmaterial

Mithilfe eines weiteren Schöpfgangs lässt sich Beigabematerial sicher im Papier verankern. Man gautscht einen Bogen Papier wie gewohnt auf ein Gautschtuch und legt das Material, z. B. große Pflanzenblätter, nach Wunsch auf. Anschließend schöpfen Sie eine sehr dünne Lage, beispielsweise in Weiß oder hellem Grau. Gautschen Sie dieses Papier so auf dem anderen ab, dass die Blätter ganz oder teilweise überzogen sind. Nach dem Pressen und Trocknen ist das Pflanzenmaterial fest im Papier eingebettet.

Prägedruck

In das auf ein Tuch gegautschte Papiervlies können Sie die unterschiedlichsten Strukturen und Muster prägen. Das kann durch das Auflegen von Geweben, Gittern, Borten und sogar Pflanzen geschehen. Außerdem können Sie die feuchten Vliese auf stark strukturierte Flächen, wie deutlich gemaserte Hölzer oder Ähnliches, pressen. Interessante Effekte haben wir zudem mit Strukturformen für Knetmasse und mit Silikonformen für die Tortendekoration erzielt.

> **Ihre selbst geschöpften Papiere können Sie mit einem Wasserzeichen versehen, das Sie aus Aluminium- oder Kupferdraht formen.**

Wasserzeichen

Ihre selbst geschöpften Papiere können Sie mit einem Wasserzeichen versehen, das Sie aus Aluminium- oder Kupferdraht formen. Denken Sie daran, dass die Formen später spiegelverkehrt zu sehen sind. Legen Sie die Drahtfigur an der gewünschten Stelle auf Ihren Schöpfrahmen und befestigen Sie sie mit wenigen Stichen auf dem Sieb. Nach dem Abgautschen erscheint das eingeprägte Zeichen auf dem Papiervlies.

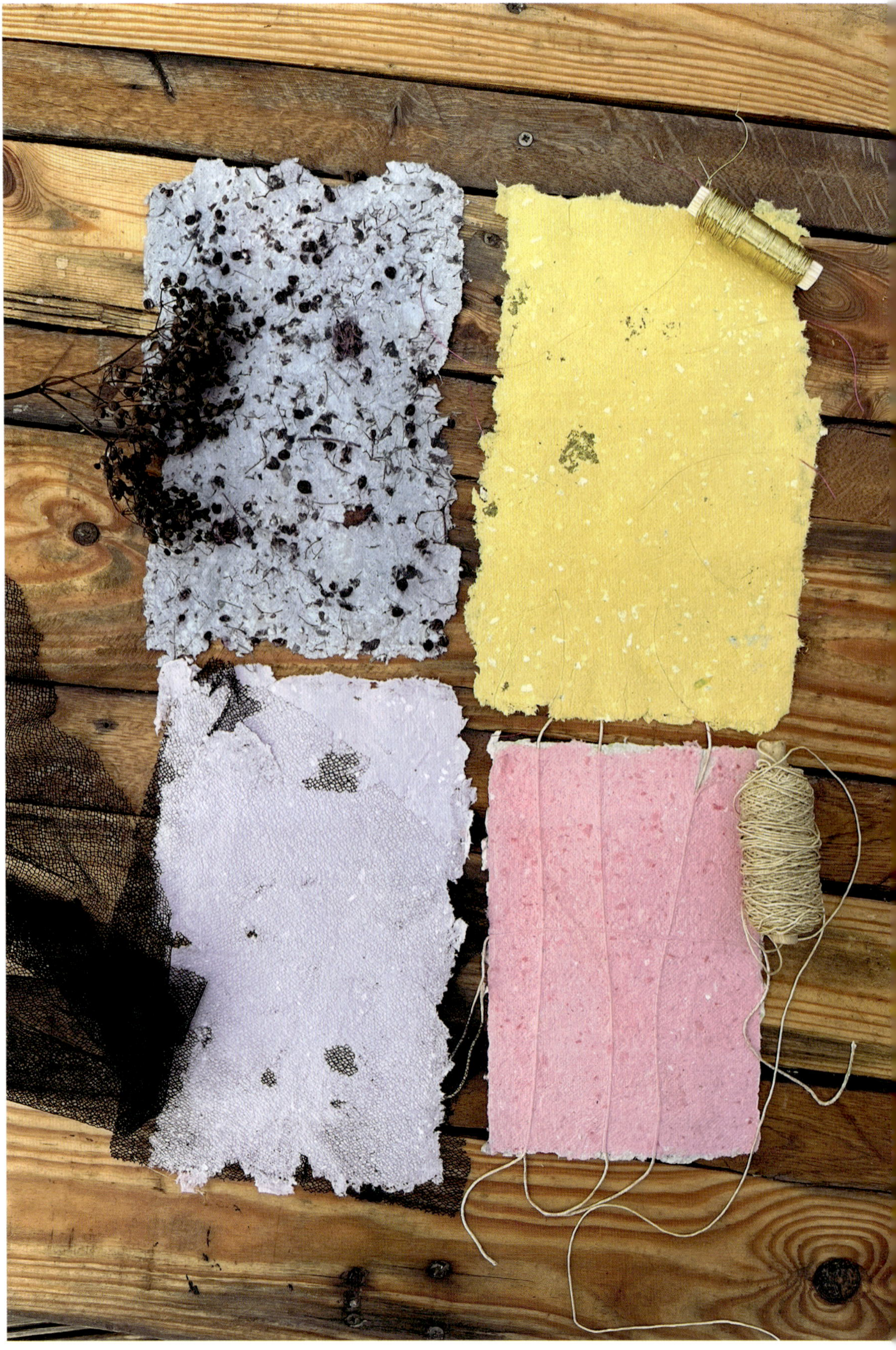

Pflanzliche, textile und andere Einschlüsse

Einschlüsse aus Holunderbeeren und -stängeln

Reste, die beim Färben mit Schwarzem Holunder anfallen, zur Pulpe in die Schöpfwanne geben. Mit der Hand durchrühren. Anschließend wie gewohnt gautschen, pressen und trocknen.

Material
Pulpe aus Büroaltpapier
ausgepresste Beeren und Stängel des Schwarzen Holunders

Eingeschöpfter Draht

Ein Papiervlies schöpfen und abgautschen. Mehrere Stücke Schmuckdraht nach Wunsch auflegen. Ein zweites Papiervlies (z. B. in einer anderen Farbe) schöpfen und so auf den ersten Bogen gautschen, dass die Drahtstücke vollständig oder teilweise eingeschlossen werden.

Material
2 verschiedenfarbige Pulpen
farbiger Schmuckdraht, in Stücke geschnitten

Eingeschöpfter Stoff

Ein Papiervlies schöpfen und abgautschen. Den Tüll wie gewünscht auflegen. Ein zweites Papiervlies schöpfen und so auf den ersten Bogen gautschen, dass der Stoff bedeckt wird. Die Gewebestruktur zeichnet sich auf dem getrockneten Papier deutlich ab und ist insbesondere in den Löchern des aufgegautschten Papiers gut zu erkennen.

Material
Pulpe aus Altpapier
Tüll

Eingeschöpfte Schnur

Ein Papiervlies schöpfen und abgautschen. Die Schnüre nach Wunsch auflegen. Ein zweites Papiervlies – z. B. in einer anderen Farbe – schöpfen und so auf den ersten Bogen gautschen, dass dieser komplett bedeckt ist und die Schnüre eingeschlossen werden. Wo die Schnüre verlaufen, bilden sich deutlich sichtbare Erhebungen, die das Papier strukturieren.

Material
2 verschiedenfarbige Pulpen
Schnur oder Buchbinderzwirn

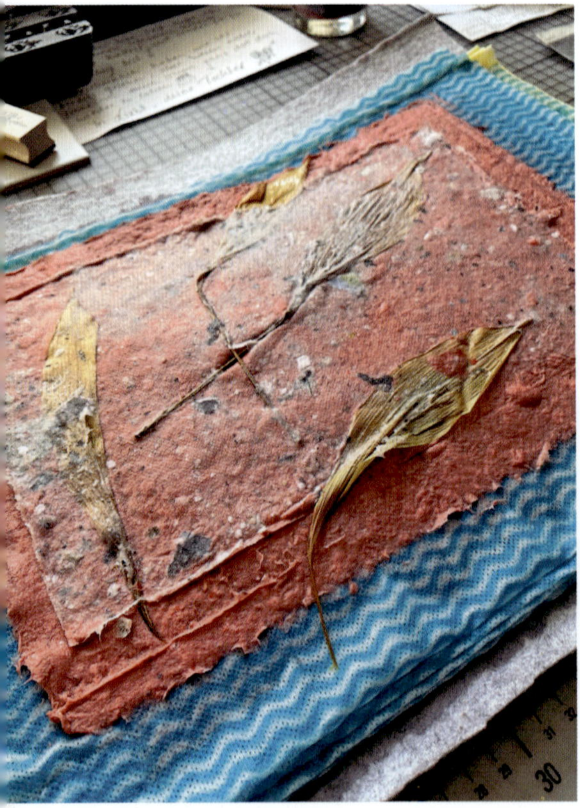

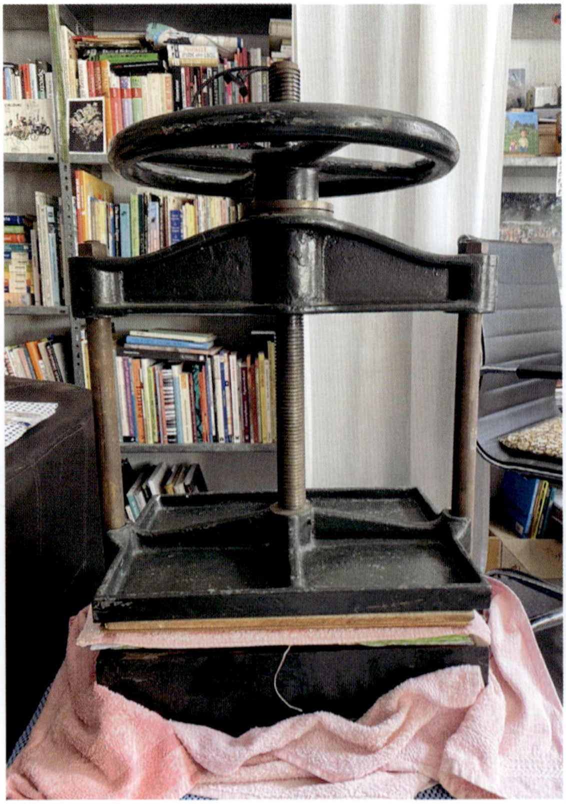

1 Das Pflanzenmaterial (hier getrocknete Maiglöckchenblätter) auf das abgegautschte farbige Papiervlies legen. Ein zweites, sehr dünnes Vlies aus hellgrauem Papier herstellen und die Blätter damit ganz oder teilweise überziehen.

2 Die nassen Papiervliese (den Pauscht) mit Einschlüssen zwischen eine Presse legen, gut abdecken und etwa eine halbe Stunde pressen.

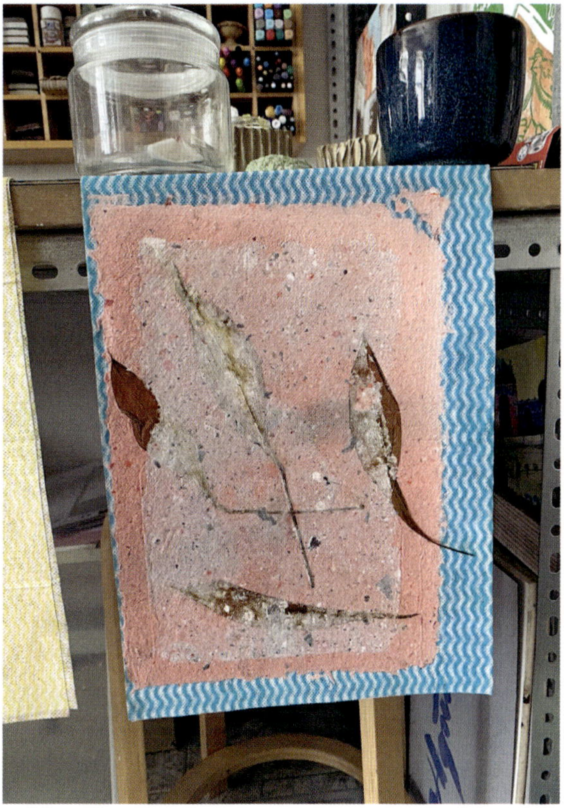

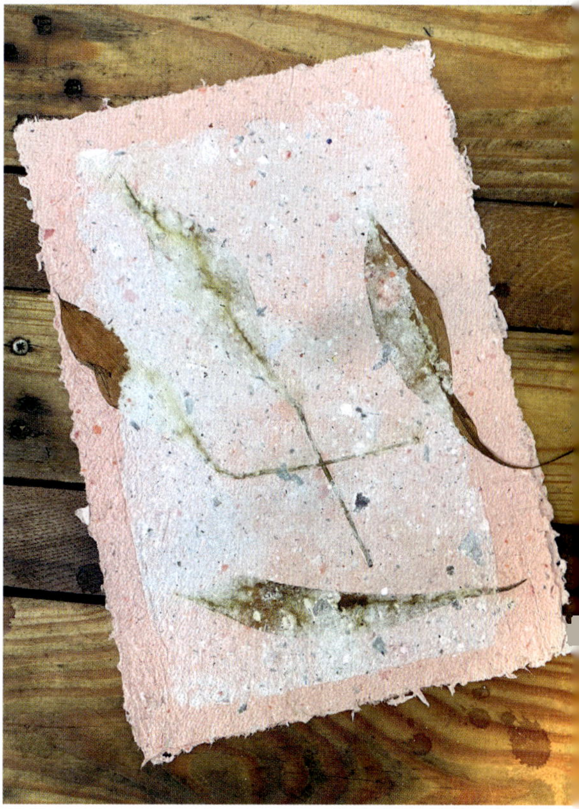

3 Das auf dem Gautschtuch klebende Papiervlies mit Einschlüssen hängend trocknen lassen.

4 Die Maiglöckchenblätter sind nach dem Trocknen fest mit dem hellroten Papier verbunden. Durch den hellgrauen Überzug scheint das Pflanzenmaterial schemenhaft hindurch. Die nicht überzogenen Pflanzenteile bilden einen harten, interessanten Kontrast.

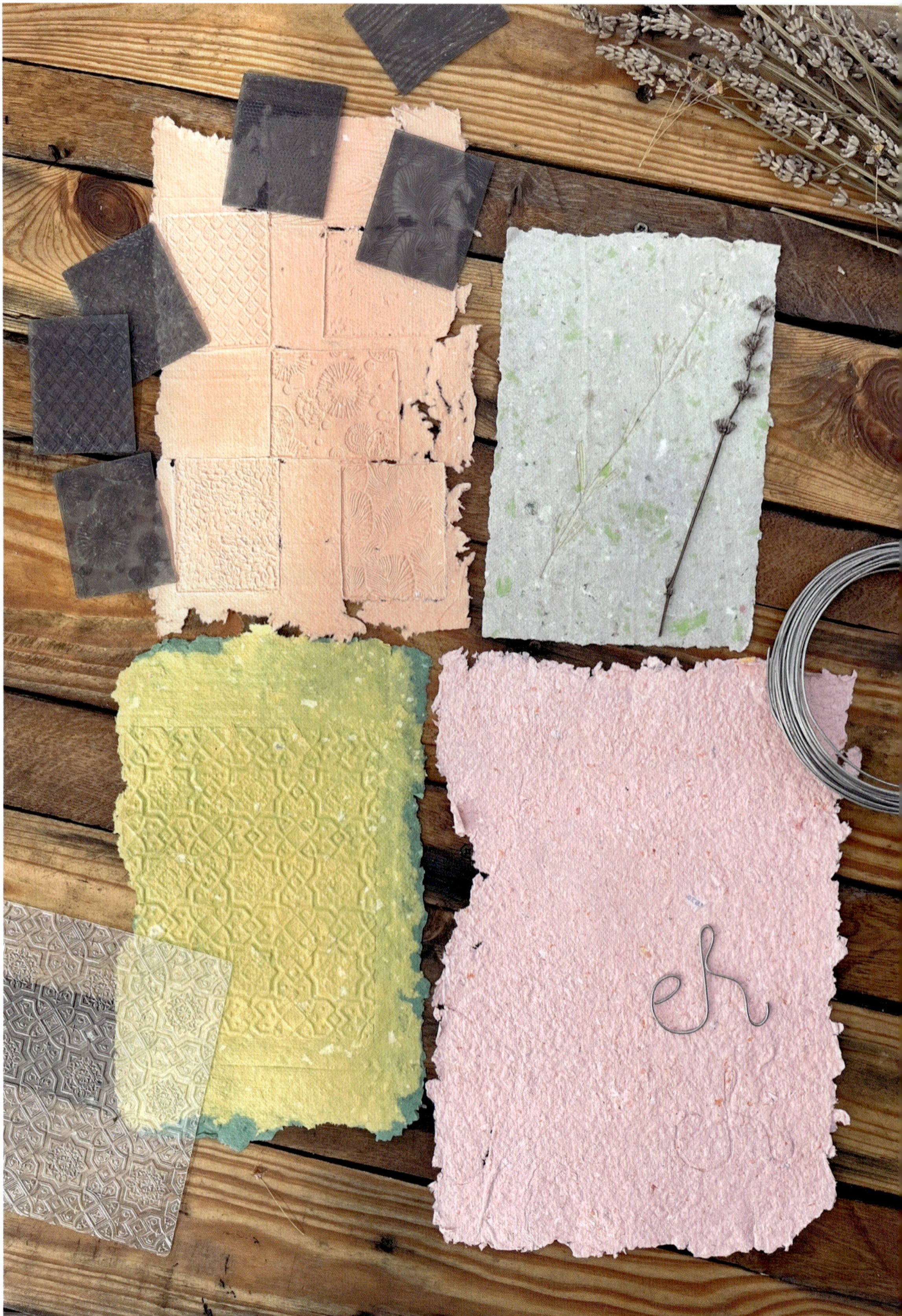

Prägedruck und Wasserzeichen

Mit Silikonformen geprägt

Nach dem Gautschen die Silikonformen auf das nasse Papiervlies auflegen. Das Papiervlies mitsamt Formen in die Presse legen und über Nacht pressen. Wenn die Papiere zum Trocknen auf die Leine gehängt werden, lösen sich die Silikonformen in der Regel von selbst vom Papiervlies ab. Damit die Prägungen gut sichtbar bleiben, sollte, wenn möglich, auf das Glätten des getrockneten Papiers in der Presse verzichtet werden.

Material

Silikonformen für die Tortendekoration
farbige Pulpe

Mit Kunststoffformen geprägt

Nach dem Gautschen die Strukturform auf das nasse Papiervlies auflegen. Das Papiervlies mitsamt Form in der Presse längere Zeit pressen. Beim anschließenden Trocknen die Form weiterhin auf dem Papierbogen belassen. Sie lässt sich leicht vom trockenen Papier lösen. Damit die Prägungen gut sichtbar bleiben, sollte auf das Glätten des getrockneten Papiers in der Presse verzichtet werden.

Material

Strukturform aus Kunststoff für Knetmasse
farbige Pulpe

Mit Lavendel geprägt

Den Lavendelzweig nach dem Schöpfen, aber vor dem Gautschen auf das Papiervlies legen. Das Papier abgautschen, pressen und trocknen. Der Zweig löst sich während des Trockenprozesses von selbst ab. Nach dem Trocknen das Papier noch einmal kurz pressen. Der geprägte Lavendelzweig ist deutlich im Papier erkennbar.

Material

getrockneter Lavendelzweig
farbige Pulpe

Wasserzeichen

Um das Papier zu „signieren", z. B. die persönlichen Initialen aus Aluminiumdraht biegen. Die Buchstaben in umgekehrter Reihenfolge und seitenverkehrt an der gewünschten Stelle auf den Basisrahmen auflegen und mit wenigen Stichen befestigen. Das Papier wie gewohnt schöpfen, gautschen, pressen, trocknen und glätten. Hält man es gegen das Licht, erkennt man die Initialen seitenrichtig im Papier.

Material

nicht rostender Draht, Ø 0,5–1 mm
Zange und Seitenschneider
Nähnadel
Faden
Pulpe aus farbigem Altpapier

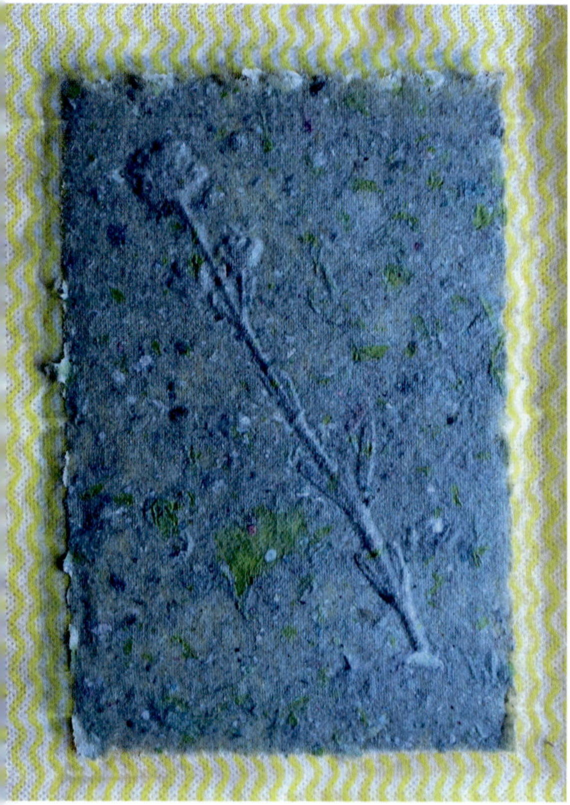

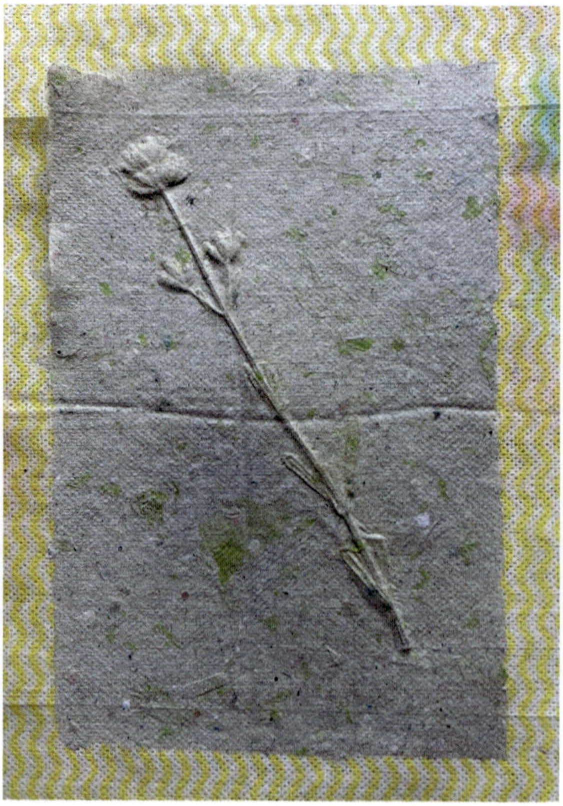

1 Ein Papiervlies aus grünem Altpapier schöpfen. Einen gepressten Lavendelzweig auf das Vlies legen und das Papiervlies abgautschen.

2 Den Papierbogen mit Lavendelzweig pressen und anschließend auf der Wäscheleine trocknen lassen.

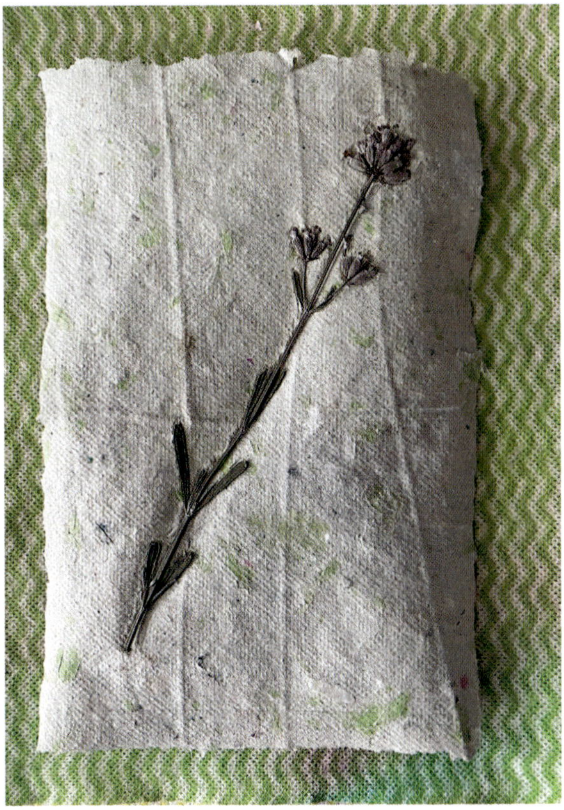

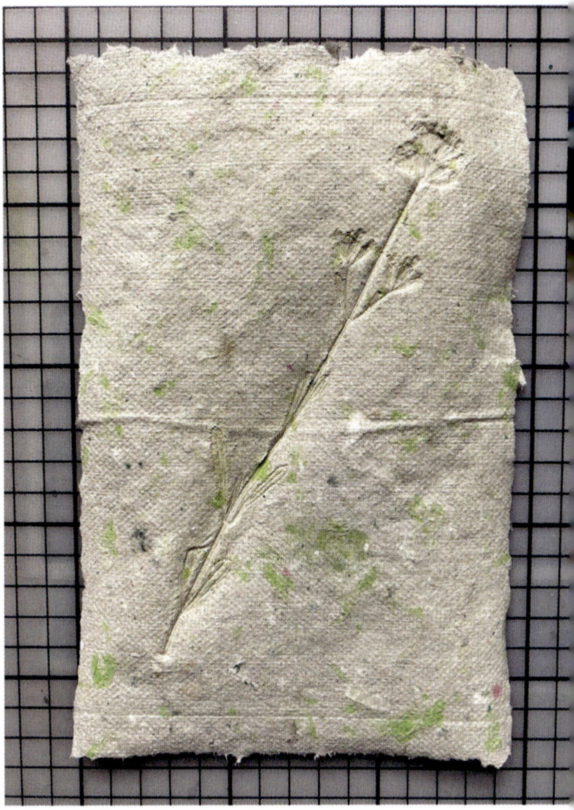

3 Während des Trockenprozesses löst sich der Zweig allmählich vom Papier ab.

4 Der trockene Papierbogen mit Prägung. Auch feinste Details der Pflanzen werden in der Prägung sichtbar.

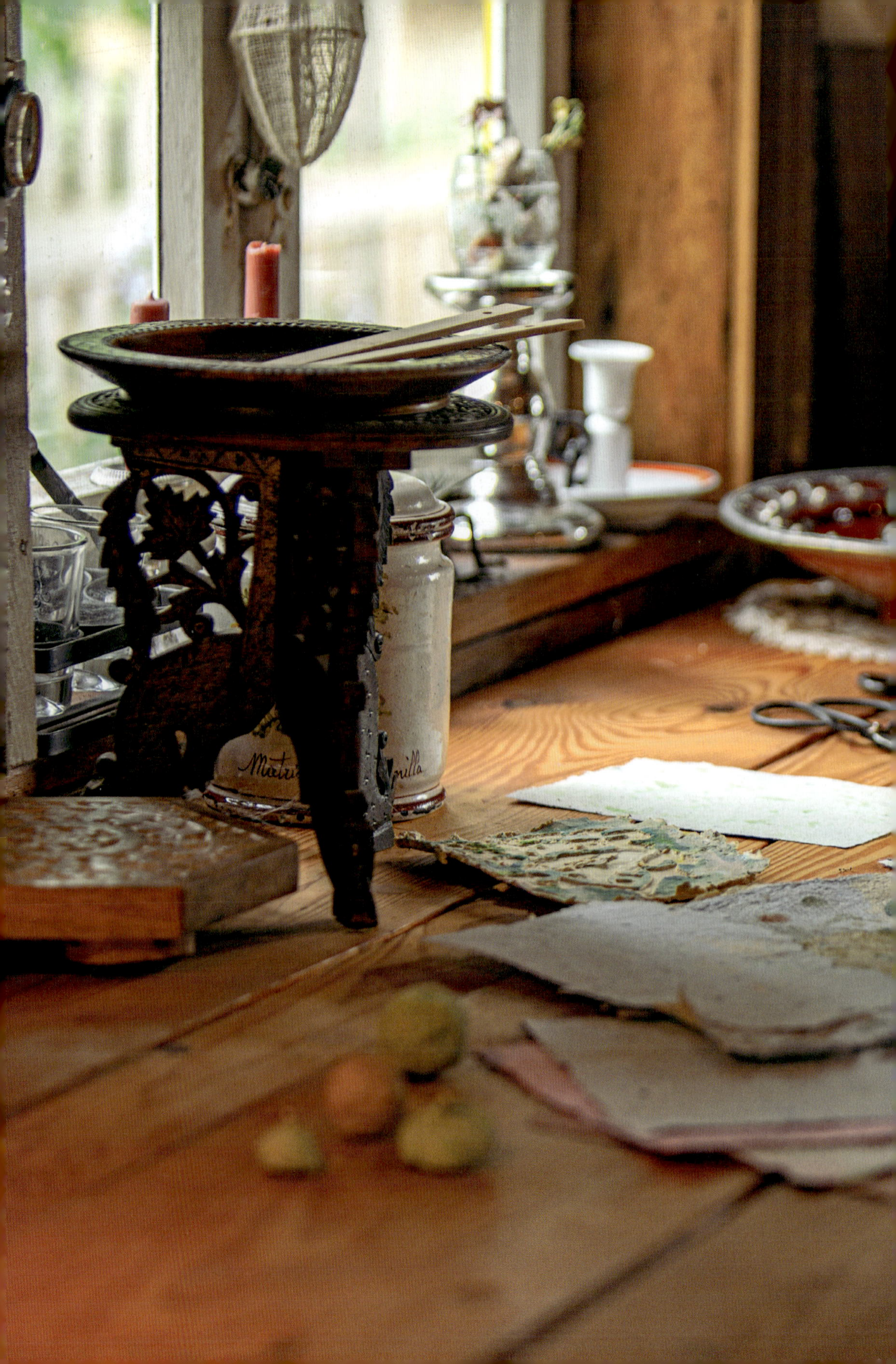

PROJEKTE

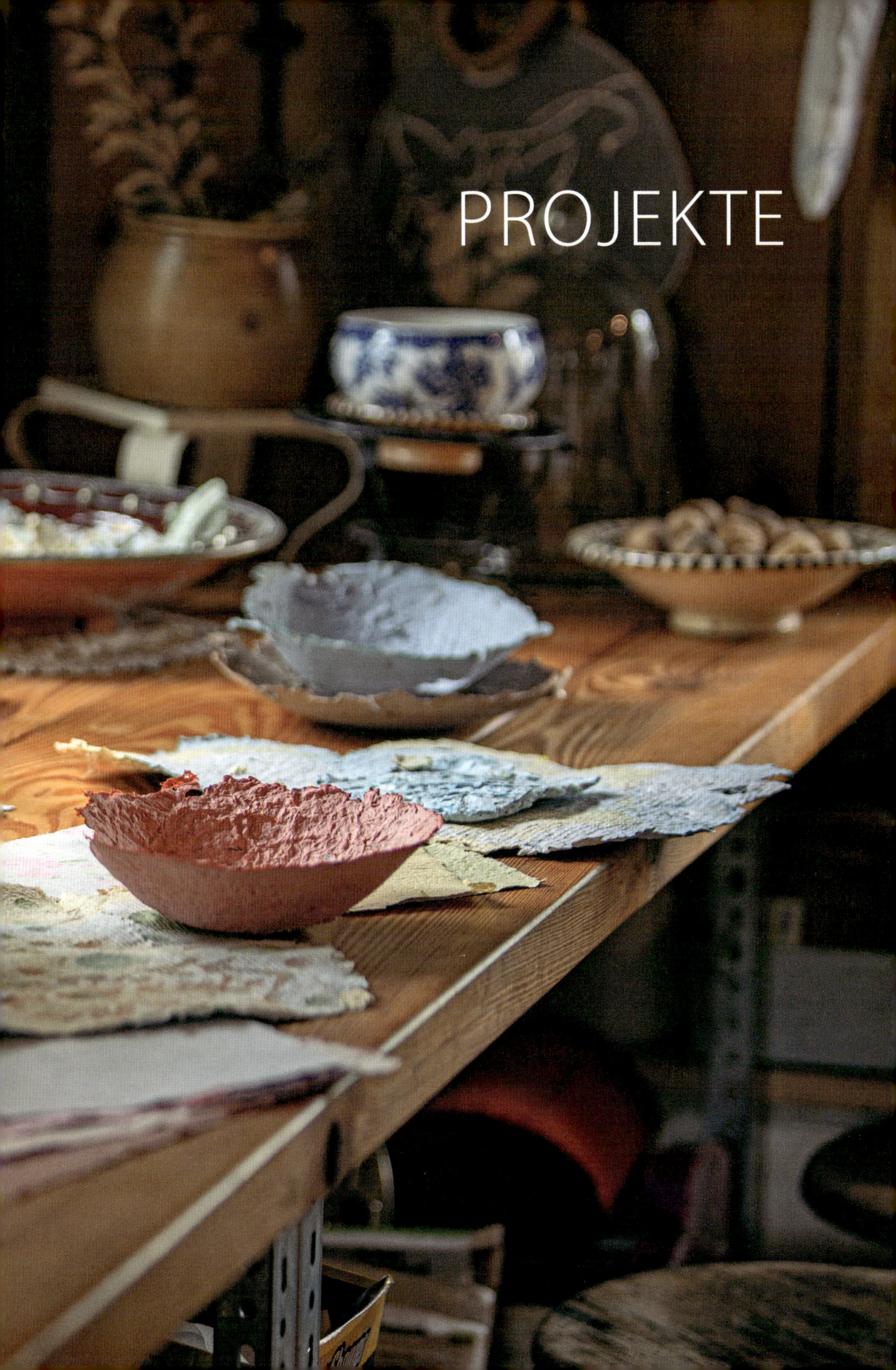

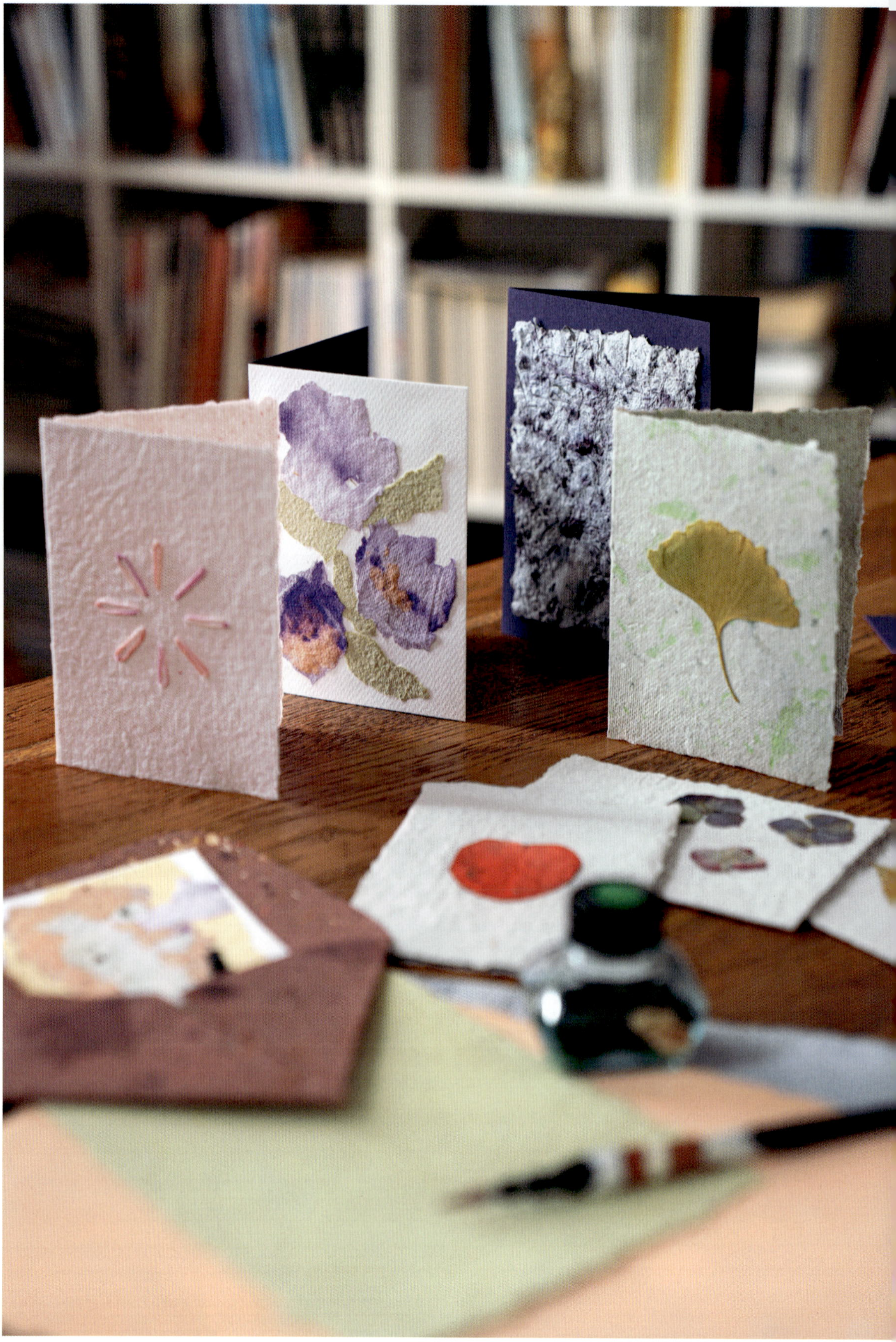

GRUSSKARTEN, BRIEFPAPIER und KUVERTS

Was könnte persönlicher sein als eine Grußkarte aus handgeschöpftem Papier? Die Farben des Papiers, die Einschlüsse, die Art der Gestaltung – all das können Sie auf den Geschmack und die Vorlieben der Adressat:innen abstimmen und damit deutlich machen, wie wichtig sie Ihnen sind.

KLAPPKARTEN

Schöpfen Sie etwas stärkere Papierbogen im Format DIN A5. Legen Sie den Bogen waagerecht vor sich und markieren Sie an der Ober- und Unterkante jeweils die Mitte mit Bleistift. Legen Sie ein Lineal so an, dass es die beiden Markierungen verbindet, und rillen Sie mit der Spitze eines Falzbeins am Lineal entlang. Entfernen Sie anschließend die Markierungen vorsichtig mit einem weichen Radiergummi. Klappen Sie die beiden Kartenhälften aufeinander, indem Sie mit Daumen oder Falzbein einen leichten Druck auf die Faltkante ausüben. Versehen Sie stark strukturierte handgeschöpfte Karten, auf denen Sie nur schlecht schreiben können, mit einem Einlegeblatt.

MIT PFLANZEN GESTALTETE KARTEN

Sammeln und pressen Sie schöne oder interessant aussehende Blätter und Blüten und bekleben Sie Ihre handgeschöpften Karten damit. Oder schöpfen Sie Papiere mit pflanzlichen Einschlüssen, um sie nach dem Trocknen und Pressen auf farblich passenden Fotokarton aufzukleben.

BESTICKTE KARTEN

Ein besonderer Reiz liegt in der Kombination von handgeschöpftem Papier und Garnen oder Fäden. Die Papiere lassen sich beispielsweise problemlos besticken. Sie sollten dafür nicht zu dünn und nicht zu stark strukturiert sein. Es empfiehlt sich, die Löcher mit einer feinen Sticknadel vorzustechen.

COLLAGIERTE KARTEN

Unzählige Gestaltungsmöglichkeiten ergeben sich, wenn Sie gerissene Stücke handgeschöpfter Papiere zu abstrakten oder figürlichen Bildern zusammenfügen. Kombinieren Sie beispielsweise mehrfarbige und mit Naturfarbstoffen gefärbte unifarbene Papiere und lassen Sie einzigartige Collagen entstehen.

BRIEFPAPIER

Aus Altpapier hergestellte handgeschöpfte Papierbogen enthalten normalerweise genügend Leim, um problemlos beschrieben werden zu können. Ungeleimte Papiere wie Pflanzenpapiere sind in der Regel nicht zum Beschreiben geeignet, können aber mithilfe von Dispersionsleim, Wäschestärke oder Gelatine imprägniert werden (siehe Seite 39).

KUVERTS

Vergrößern Sie die Vorlage von Seite 126, übertragen Sie sie auf einen DIN-A4-Bogen handgeschöpftes Papier und schneiden Sie das Kuvert aus. Oder fertigen Sie eine Schablone an und schneiden Sie anhand der Schablone ein Schöpfgitter zu. Schöpfen Sie das Kuvert, trocknen und pressen Sie es wie gewohnt. Falten Sie die Seitenteile des Kuverts nach innen, klappen Sie das untere Teil nach oben und kleben Sie es an den Rändern auf die Seitenteile. Falten Sie zum Schluss die Verschlussklappe nach unten.

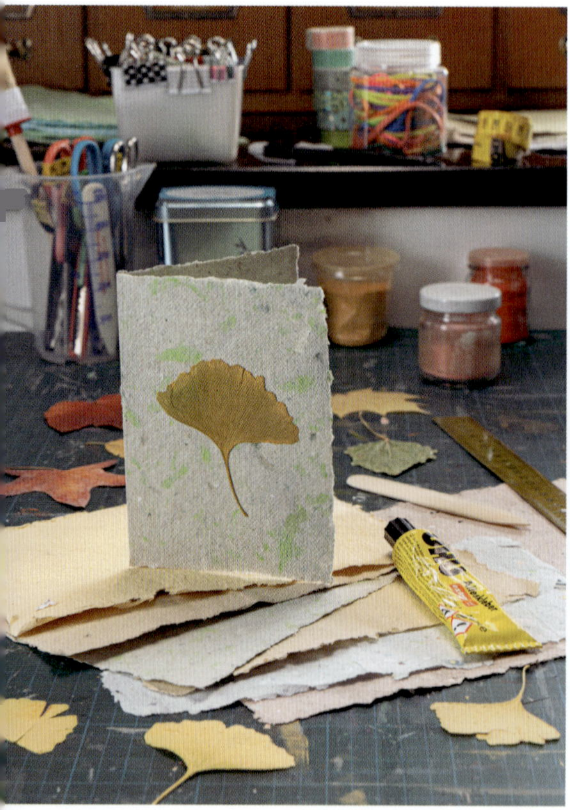

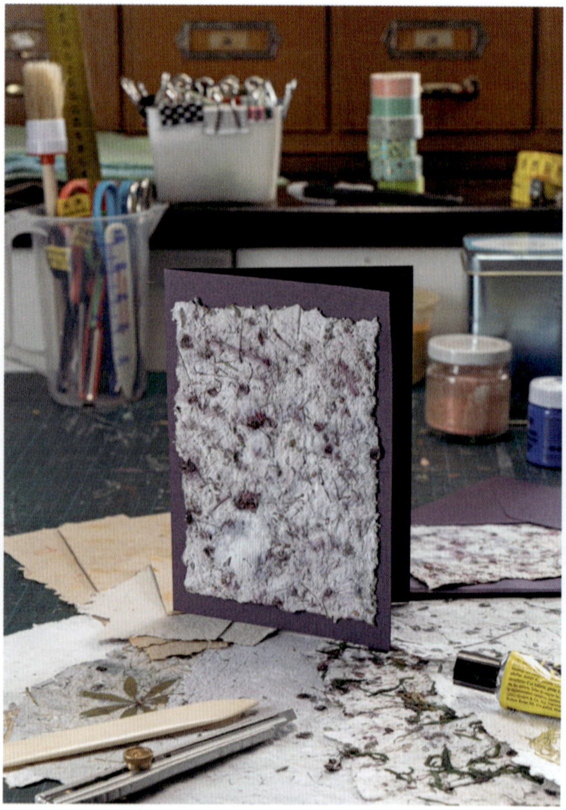

1 Ein Ginkgoblatt mehrere Tage pressen. Aus einem handgeschöpften Papierbogen im Format DIN A5 eine Klappkarte falten (siehe Seite 77) und das Ginkgoblatt mit Alleskleber aufkleben.

2 Aus lila Fotokarton eine Klappkarte im Format DIN B6 (12,5 x 17,6 cm) zuschneiden. Mit Alleskleber ein handgeschöpftes Papier mit Holundereinschlüssen in einem etwas kleineren Format (ca. DIN A6) auf die Vorderseite der Karte kleben.

Material

Karte mit Ginkgoblatt:
handgeschöpfte Klappkarte, DIN A6
gepresstes Ginkgoblatt, Klebstoff

Karte mit Holunderpapier:
Klappkarte aus lila Fotokarton, DIN B6
handgeschöpftes Papier mit Holundereinschlüssen, DIN A6, Klebstoff

Karte mit Margeritenstich:
handgeschöpfte Klappkarte, DIN A6
Zirkel, Lineal, Bleistift
Stickgarn, Sticknadel

Collagierte Karte:
Klappkarte aus lila Fotokarton, DIN A6
weißer Karton, DIN A6
verschiedene handgeschöpfte Papiere
evtl. Teesieb, Tusche, Zahnbürste, Klebstoff

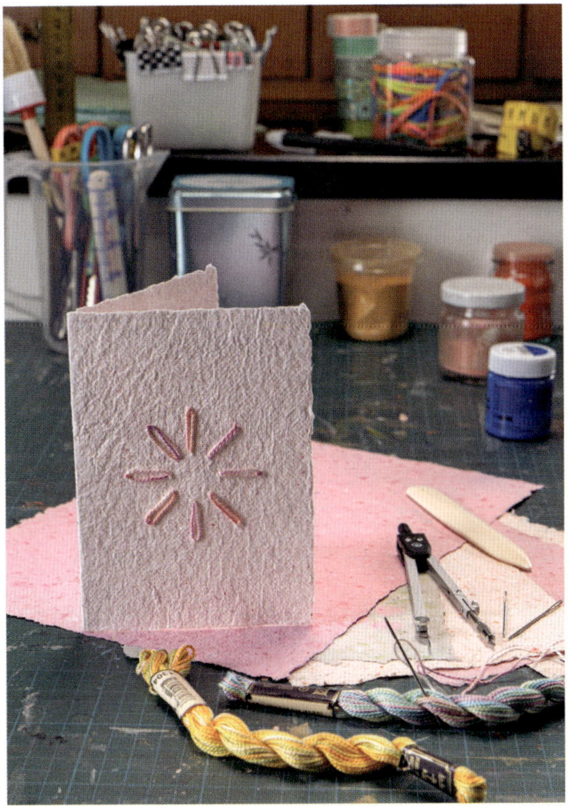

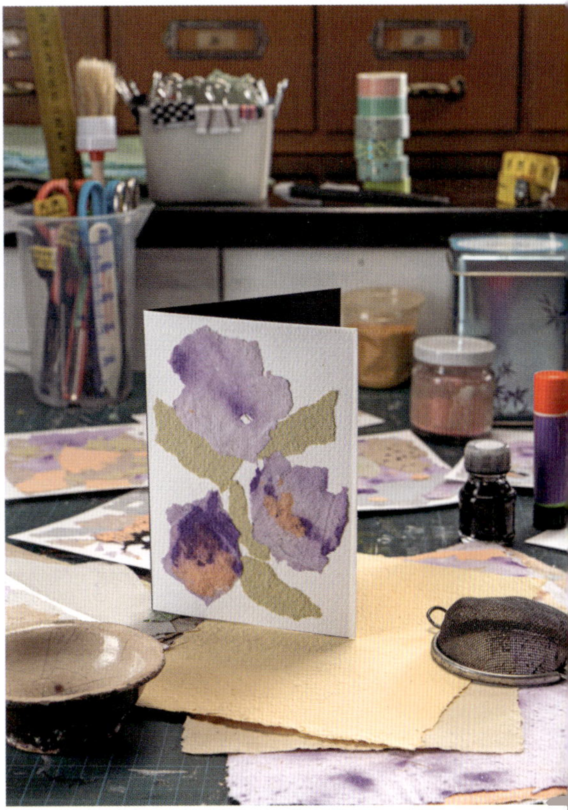

3 Auf der Kartenrückseite mit dem Zirkel zwei konzentrische Kreise mit 1 cm und 3 cm Radius ziehen. Die Kreise durch Linien durch den Mittelpunkt in Achtel unterteilen. Mit der Sticknadel an jedem Schnittpunkt ein Loch stechen. Auf den Kreisen liegen je acht Löcher. Das Stickgarn einfädeln und das Ende verknoten. Durch ein Loch auf dem Innenkreis nach vorn stechen, das Garn zu einer Schlaufe legen. Die Schlaufe festhalten und durch dasselbe Loch wieder nach hinten stechen. Durch das gegenüberliegende Loch auf dem Außenkreis nach vorn stechen und die Schlaufe mit einem Befestigungsstich ins selbe Loch fixieren. Alles achtmal wiederholen. Den Faden rückseitig verknoten.

4 Eine Auswahl aus handgeschöpften Papieren treffen. Dabei eine Balance zwischen mehrfarbigen und unifarbenen Papieren finden. Nach Wunsch die Spritztechnik einsetzen und mithilfe von Sieb, Zahnbürste und Tusche zusätzliche Akzente setzen. Die Papiere in verschieden große Formen reißen und die Collage auf der weißen Karte probeweise zusammensetzen. Wenn alles seinen Platz gefunden hat, ein Foto mit dem Smartphone aufnehmen. Dann unten liegende Teile zuerst aufkleben und die oben liegenden darüberkleben. Das Handyfoto dient als Gedächtnisstütze. Die collagierte Karte auf die Vorderseite einer farblich passenden Klappkarte kleben.

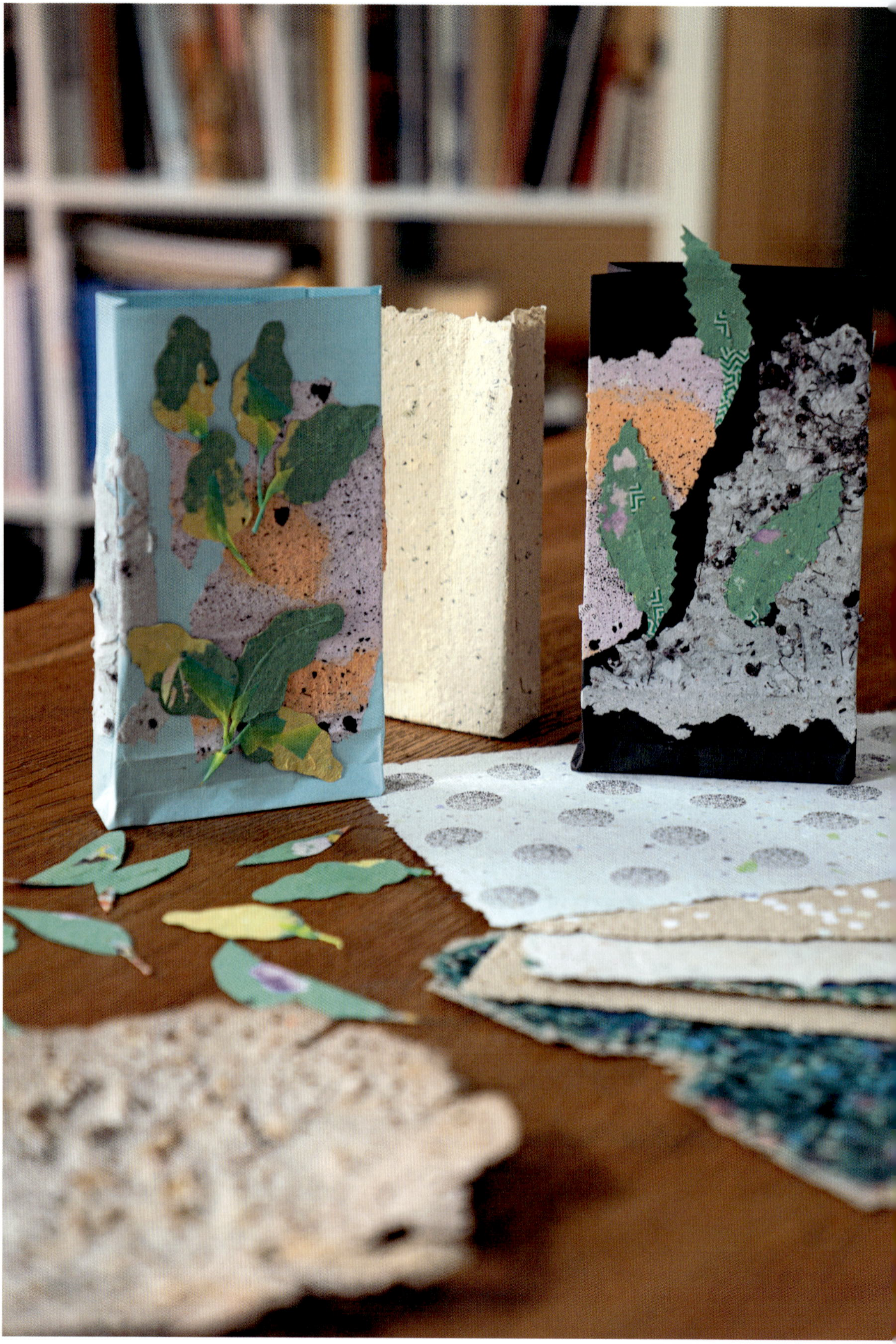

TÜTEN und GESCHENKPAPIERE

Mit Verpackungen aus handgeschöpften Papieren wird der Geschenkinhalt zusätzlich aufgewertet. Außerdem schützen Sie die Umwelt, wenn Sie auf glänzend beschichtetes Geschenkpapier oder Verpackungen aus Folie verzichten und stattdessen Ihr handgeschöpftes Papier einsetzen.

Wenn sich die Papiere nur schwer falten lassen, ohne zu reißen, oder wenn Sie Papierreste verarbeiten wollen, empfiehlt es sich, die selbst geschöpften Papiere auf Tonpapierbogen aufzuziehen. So kaschiert, können die Bogen ohne Schwierigkeiten als Geschenkpapier eingesetzt oder zu Geschenktüten gefalzt werden.

> Hier sind Kreativität, Fantasie und Experimentierfreude gefragt!

Die vier Fotos auf den folgenden Seiten zeigen das Aufziehen eines dünnen, handgeschöpften Papiers auf Tonpapier. Anschließend führen wir Schritt für Schritt vor, wie eine Geschenktüte entsteht. Neben den gezeigten Verzierungen bieten sich Dekorationen mit gepressten Blättern und getrockneten Gräsern, Bastschnüren oder Rindenstücken an. Handgeschöpfte Geschenkpapiere können zusätzlich geprägt (siehe Seite 71), bemalt, schabloniert oder bestempelt werden. Hier sind Kreativität, Fantasie und Experimentierfreude gefragt!

Material

Papier aufziehen:
handgeschöpftes Papier
Tonpapier (größer als das handgeschöpfte Papier)
Tapetenkleister, Pinsel
Papierstreifen
Tapezierbürste
Sprühflasche mit Wasser
flache Unterlage, z. B. Schneidermatte

Geschenktüten:
auf Tonpapier aufgezogenes handgeschöpftes Papier
Klebestift
farbiges Klebeband
Tapetenkleister, Pinsel
Falzbein
verschiedene Blätter, geschnitten aus handgeschöpften Papieren mit Drahteinschluss

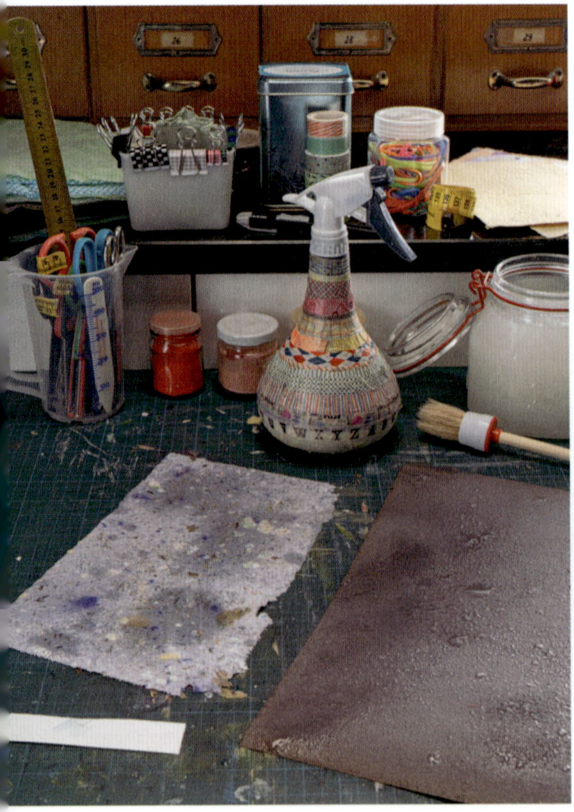

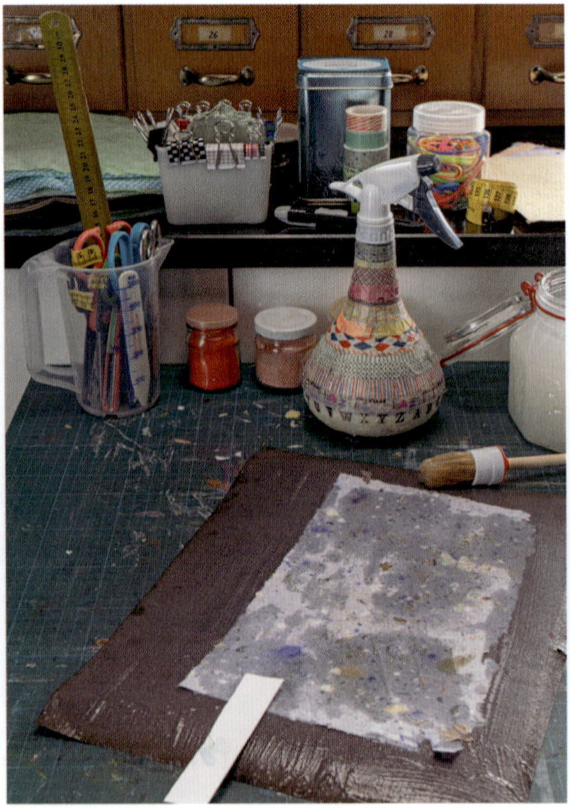

1 Um handgeschöpfte Papiere auf Tonpapier aufzuziehen, das Papier und das Tonpapier mit einer Sprühflasche auf beiden Seiten anfeuchten und wenige Minuten warten, bis das Papier die Feuchtigkeit aufgesogen hat. Durch das Einsprühen vermeidet man, dass das Papier dem Kleister Wasser entzieht und sich wellt. Es empfiehlt sich, ein Tonpapier zu wählen, das farblich zum handgeschöpften Papier passt und dessen pastellige Farbigkeit unterstreicht.

2 Das Tonpapier gleichmäßig mit Kleister einstreichen. Das geschöpfte Papier so auflegen, dass an allen Seiten Platz bis zum Rand bleibt und der Randstreifen auf einer Längsseite etwas größer ausfällt. Anschließend den Papierstreifen auflegen, wie im Bild zu sehen. Er soll das handgeschöpfte Papier sowie das Tonpapier überschneiden und ein Stück über das Tonpapier hinausreichen.

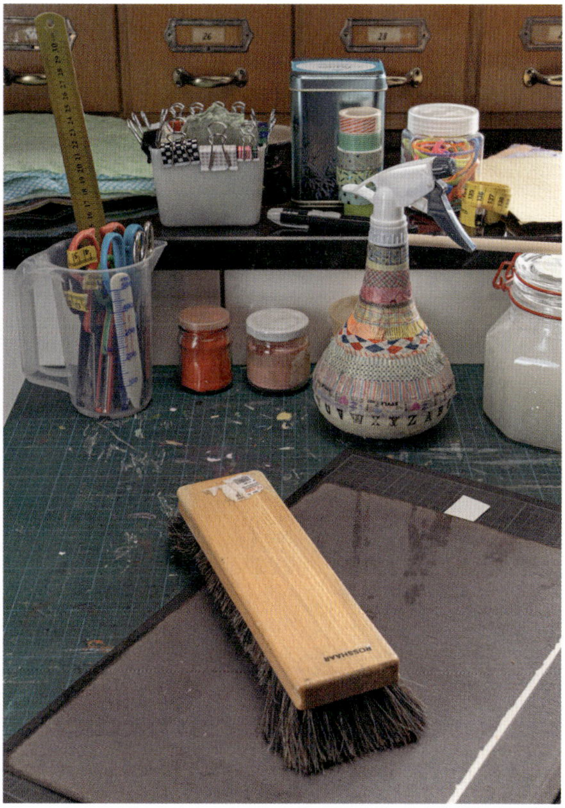

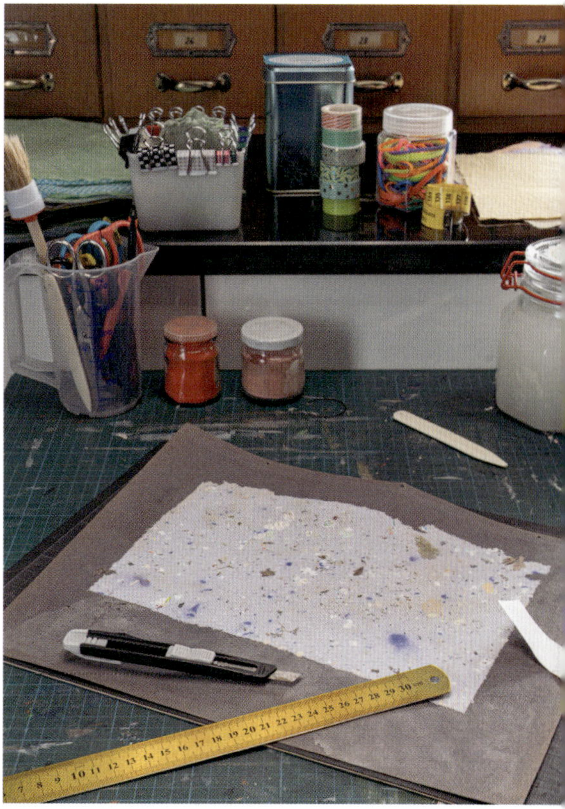

3 Das Tonpapier mit dem handgeschöpften Papier wenden und auf die Schneidematte legen. Mit einer Tapezierbürste über die Rückseite des Tonpapiers streichen, sodass die Papiere auf der Unterlage haften. Über Nacht trocknen lassen.

4 Am nächsten Tag mithilfe des Papierstreifens den kaschierten Papierbogen von der Unterlage lösen und eventuell in der Presse glätten. Jetzt kann der Bogen auf die Größe des handgeschöpften Papiers zugeschnitten oder als Ganzes weiterverarbeitet werden.

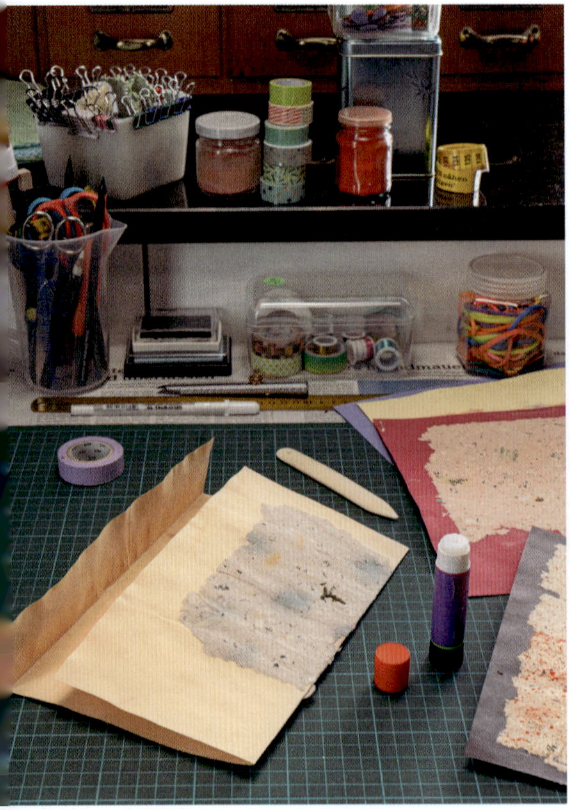

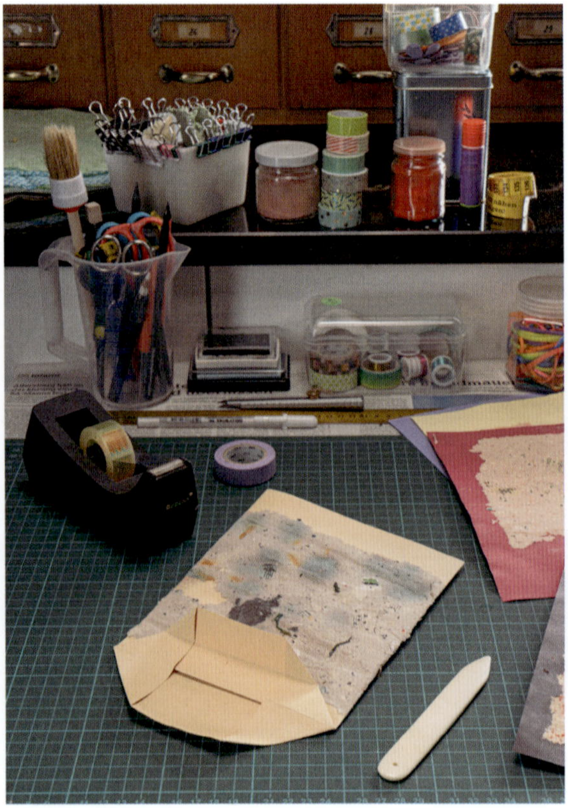

1 Das Tonpapier mit dem aufgezogenen handgeschöpften Papier so vor sich legen, dass das geschöpfte Papier nach unten zeigt. Das Papier zweimal längs falten (siehe Faltskizzen auf Seite 124). Auf der linken Seite ergibt sich ein Streifen, der die andere umgeschlagene Papierseite um ca. 1,5 cm überlappt. Diesen überlappenden Rand mit dem Klebestift einstreichen und festkleben.

2 Für den Boden den unteren Rand etwa 5 cm nach oben umschlagen. Den umgeschlagenen Bereich öffnen und die seitlichen Kanten nach innen führen. Den oberen und unteren Rand des Bodens zur Mitte falten.

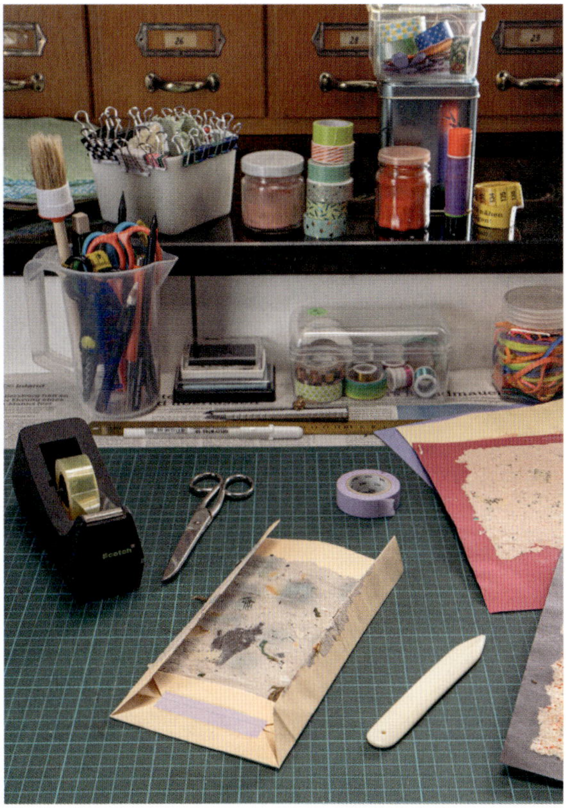

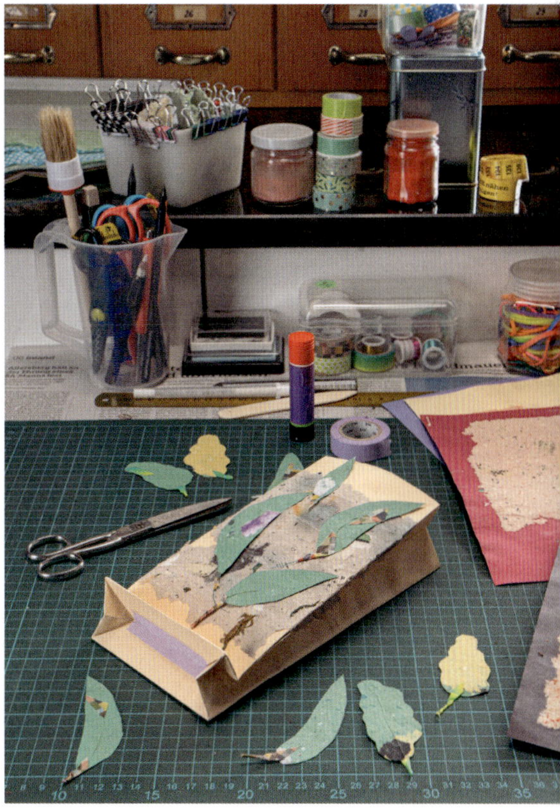

3 Den Boden mit einem Klebebandstreifen schließen. Dann die seitlichen Ränder jeweils bis zum Klebeband umschlagen.

4 Die Faltung wieder öffnen und die Seiten der Tüte bilden, indem der seitliche Falz jeweils nach innen gedrückt wird. Die Tüte nach Wunsch verzieren, z. B. mit Blattformen, die aus handgeschöpftem Papier mit Drahteinschlüssen (siehe Seite 67) ausgeschnitten wurden.

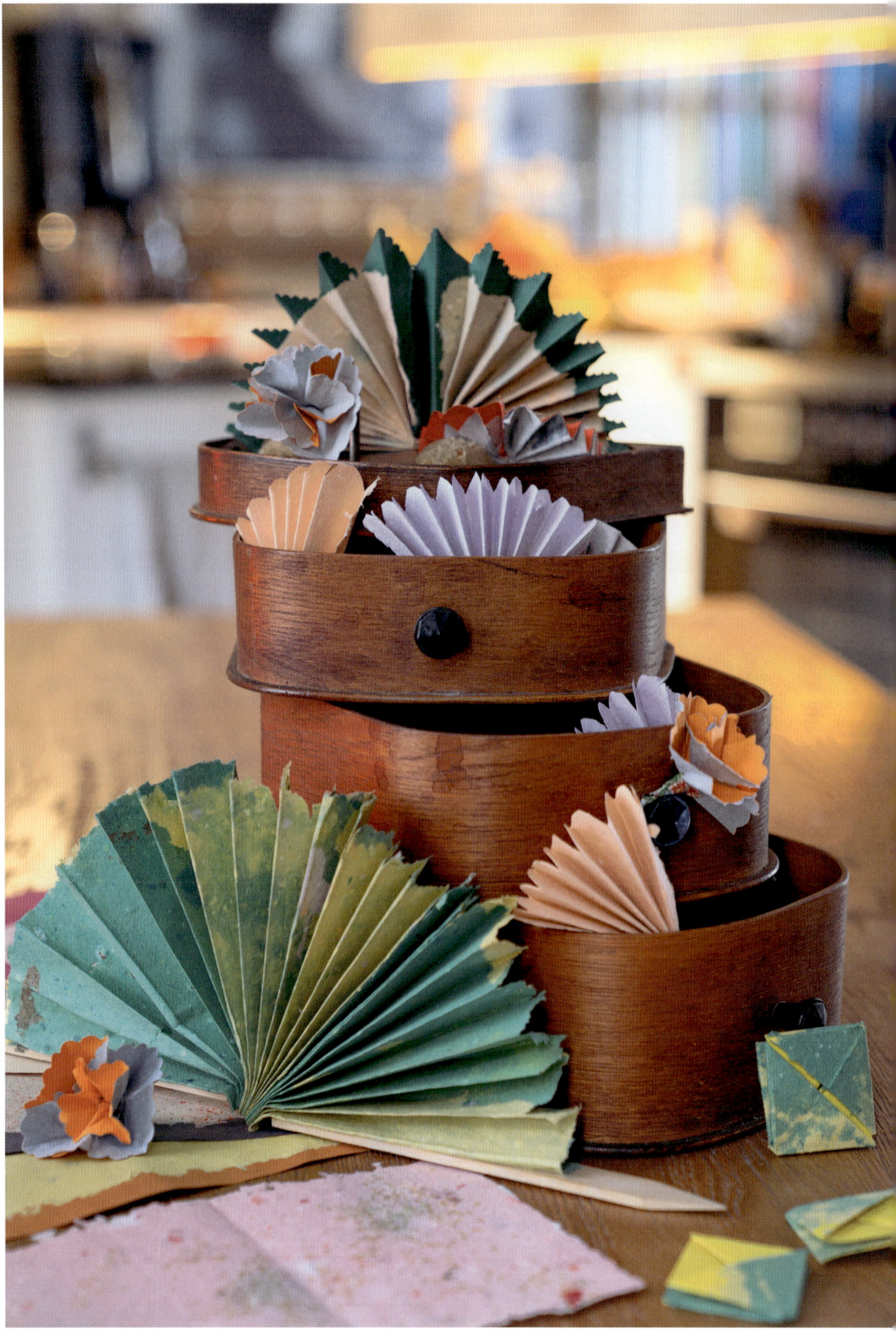

FALTOBJEKTE

Wie auf Seite 81 bereits erwähnt, ist handgeschöpftes Papier oftmals weniger reißfest als maschinell hergestellte Papierbogen. Beim Falten kann es passieren, dass das Papier auseinanderreißt oder an den Kanten aufbricht. Letzteres ist häufig kein Problem, sondern sorgt vielmehr dafür, dass das Objekt aus gefaltetem handgeschöpftem Papier sein typisches Aussehen erhält. Wenn Sie jedoch Dinge herstellen möchten, die besonders stabil sein sollen (wie Tüten) oder besonders kleinteilig sind (wie Schmuckstücke), empfehlen wir Ihnen, das handgeschöpfte Papier mit Tonpapier zu kaschieren (siehe Seiten 82/83).

Auf den nächsten Seiten finden Sie Anleitungen für einfache Fächer sowie gefaltete Quadratperlen, die auf Draht aufgereiht ein originelles Collier ergeben.

Material

Fächer:

2 handgeschöpfte Papiere, ca. 20 x 30 cm
Schere, evtl. verschiedene Konturenscheren
Lineal, Bleistift
2 breite Bastelhölzer/Eisstiele, mind. 20 cm lang
Klebestift
Radiernadel, Nadel oder Zirkel
2 Gummibänder
Wickeldraht

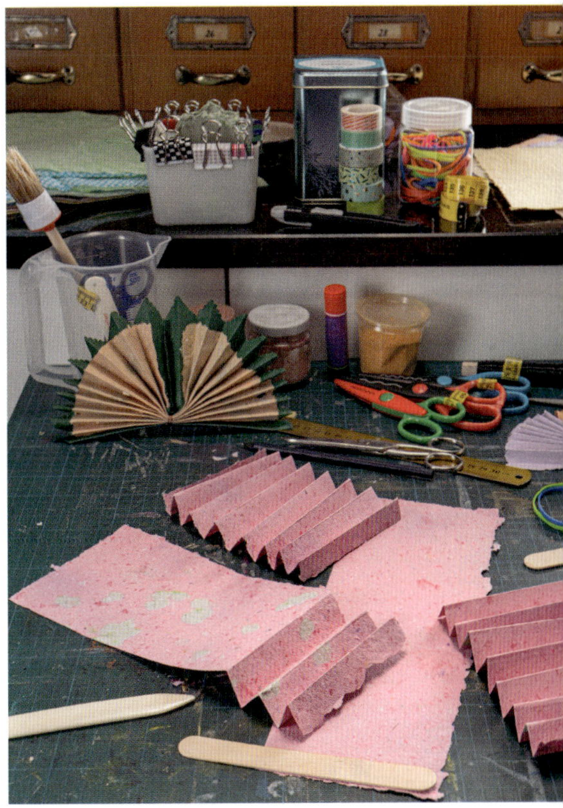

1 Die handgeschöpften Papiere halbieren, sodass insgesamt vier Streifen von ca. 20 x 15 cm entstehen. Die Streifen im Zickzack falten, dabei mit dem Falzbein arbeiten, um schöne Kanten zu falzen. Als Maß für die Abschnittsbreite des Ziehharmonikafalzes dient die Breite des Bastelholzes.

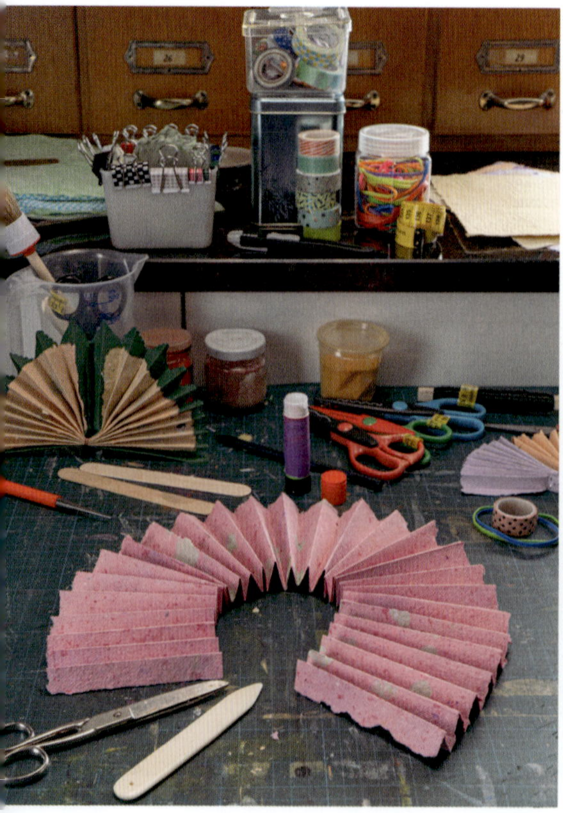

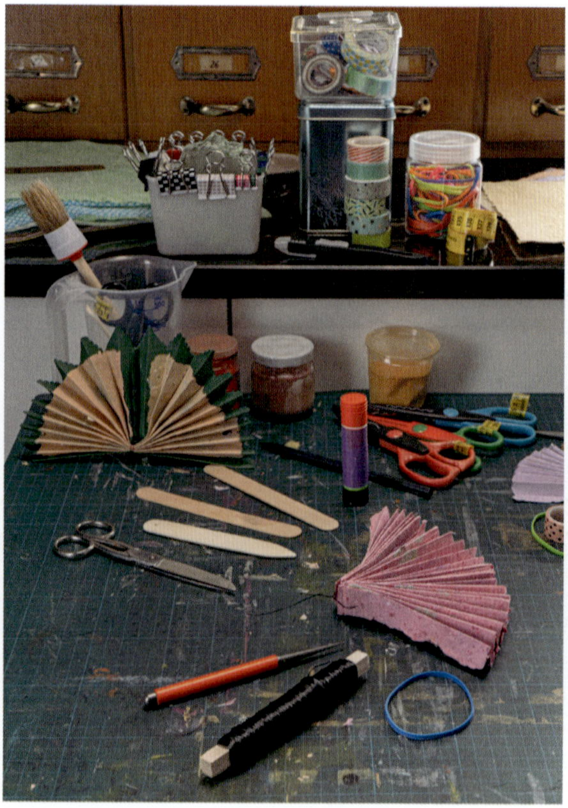

2 Für den Boden den unteren Rand etwa 5 cm nach oben umschlagen. Den umgeschlagenen Bereich öffnen und die seitlichen Kanten nach innen führen. Den oberen und unteren Rand des Bodens zur Mitte falten.

3 Den Streifen eng zusammenschieben und mit einer Radiernadel, einer Nadel oder der Spitze eines Zirkels ein Loch durch alle Faltabschnitte bohren. Ein Stück Draht einfädeln und die Drahtenden verdrillen. Das obere Ende des Fächerblocks nach Wunsch mit einer Konturenschere beschneiden.

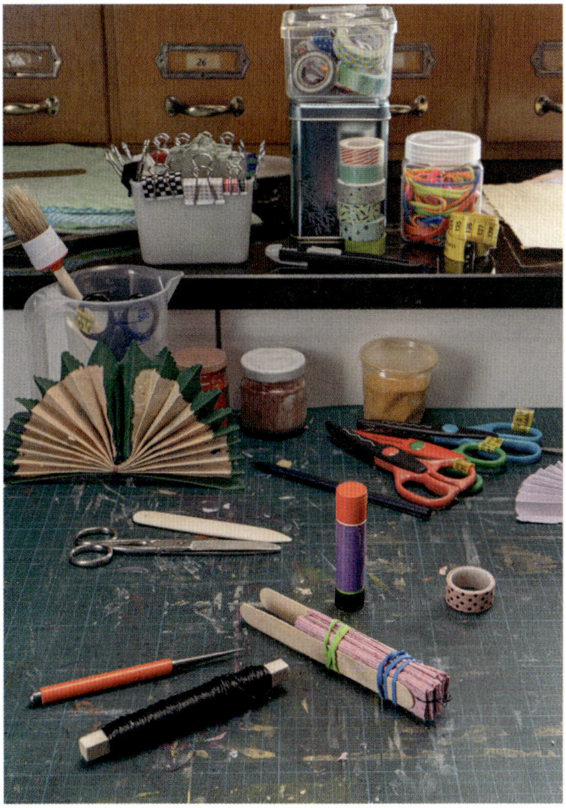

4 Die Bastelhölzer auf beide Seiten des Fächerblocks kleben und während der Trocknung mit Gummibändern fixieren.

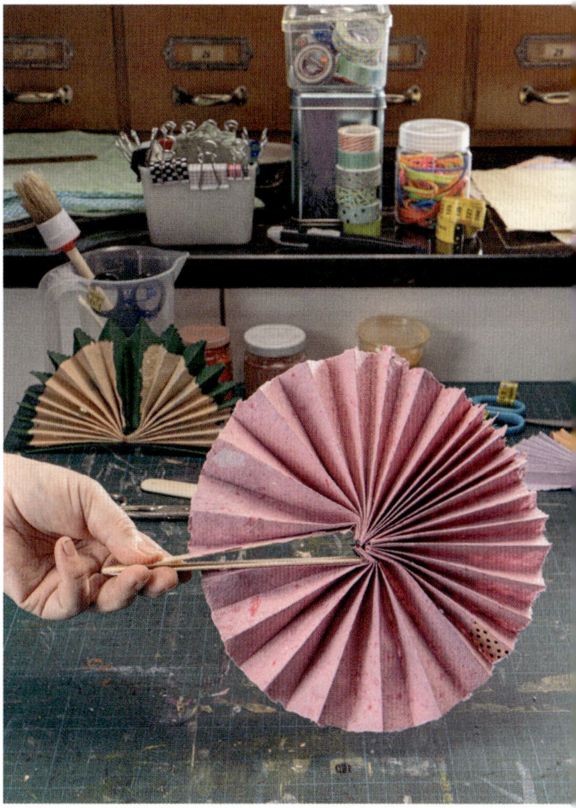

5 Wenn der Klebstoff getrocknet ist und die Bastelhölzer fest mit dem Papier verbunden sind, den Fächerblock vorsichtig auseinanderziehen und die beiden Hölzer zusammenführen.

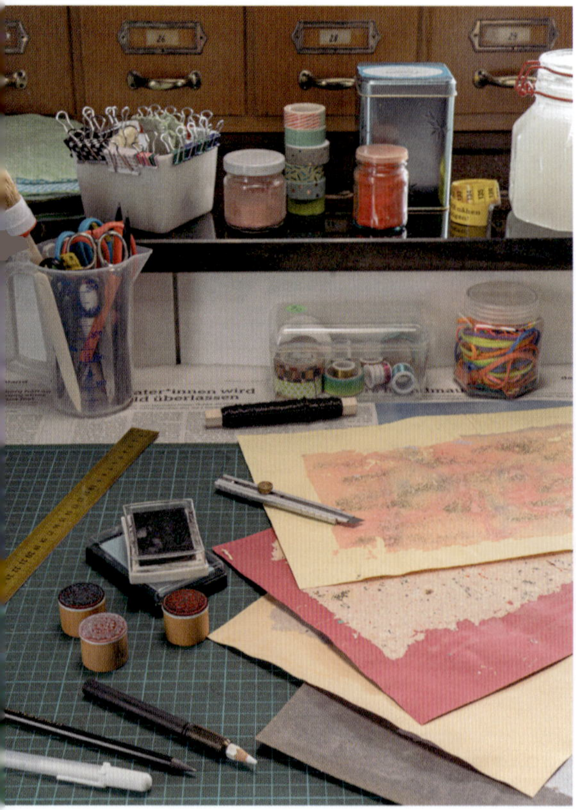

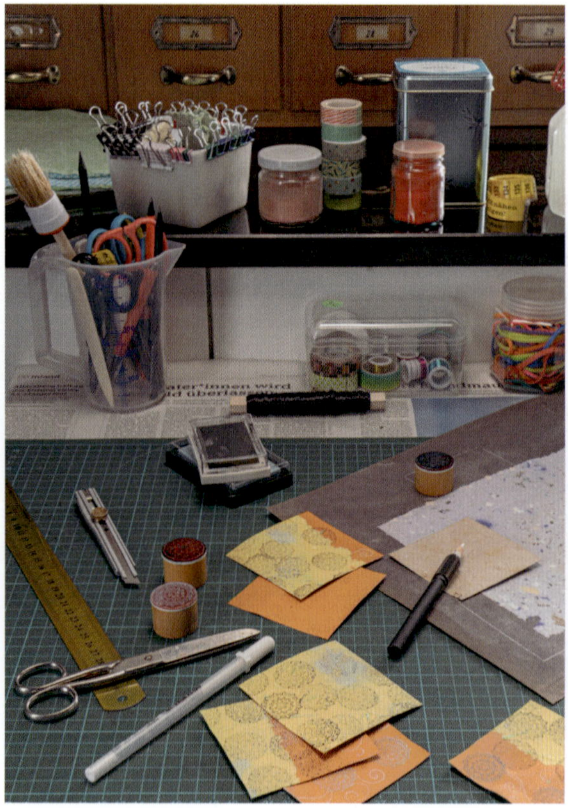

1 Für die Quadratperlen auf Tonpapier aufgezogene Papiere auswählen und nach Wunsch mit von Hand gezeichneten oder aufgestempelten Ornamenten zusätzlich verzieren.

Material
Quadratperlen:
auf Tonpapier aufgezogene
handgeschöpfte Papiere
Musterstempel und Stempelkissen
Buntstifte
Pappe
Lineal, Bleistift
Schere, Cutter
Falzbein
Wickeldraht

2 Aus Pappe eine Quadratschablone mit den Maßen 8 x 8 cm ausschneiden. Die Schablone möglichst platzsparend auf die aufgezogenen Papiere auflegen und mit Bleistift umranden. Mit dem Cutter oder der Schere ausschneiden. Pro Quadratperle werden zwei Papierquadrate benötigt.

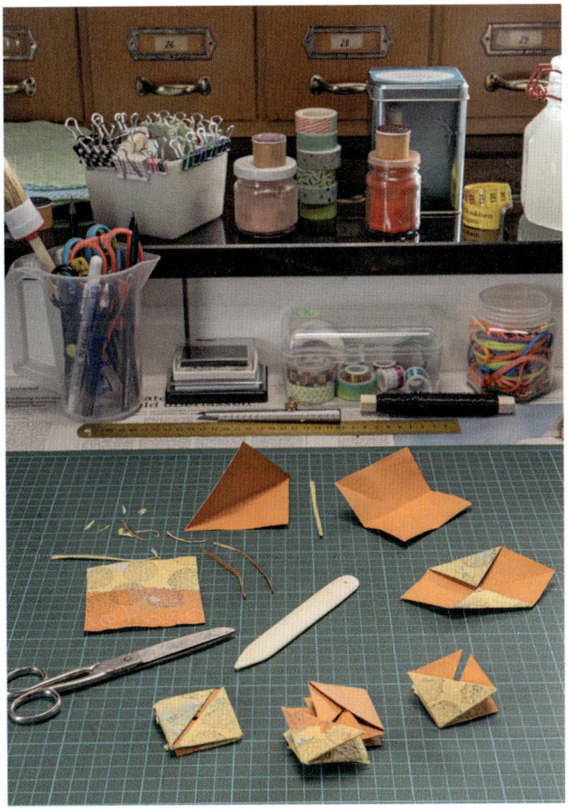

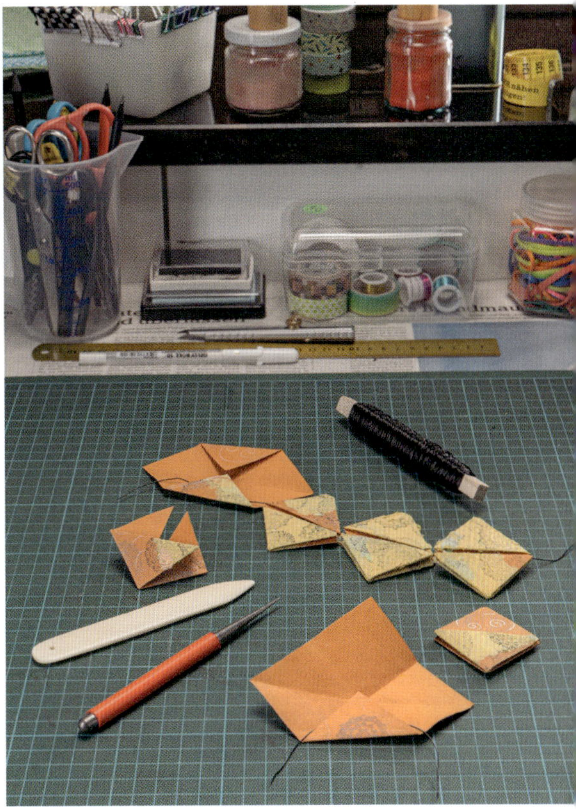

3 Die Quadratperle falten (siehe Seite 125): Das Quadrat diagonal falten und wieder öffnen. Das Quadrat waagerecht sowie senkrecht falten und wieder öffnen, um 45 Grad so drehen, dass der Diagonalfalz waagerecht verläuft. Die obere und untere Spitze zur Mitte falten. Jetzt folgt der knifflige Teil: Von hinten gegen die Mittelfalze der rechts und links liegenden Rauten drücken und auf diese Weise die Falze nach innen schieben. Es entsteht eine Raute, deren untere Hälfte in der Mitte einen Spalt aufweist, also von zwei separaten Dreiecken gebildet wird. Eine zweite Raute auf die gleiche Weise falten und die beiden Rauten mit gegeneinander gerichteten Dreiecken ineinanderschieben. Dabei liegt je eines der Dreiecke über und eines unter dem Dreieck der anderen Raute.

4 Sollen mehrere Quadratperlen als Collier auf einen Draht aufgereiht werden, den Draht beim Falten der oberen Perlenhälfte einlegen, wenn die Spitze zur Mitte gefaltet wird. Weitere Quadratperlen können an den unteren Spitzen der aufgereihten Perlen angehängt werden.

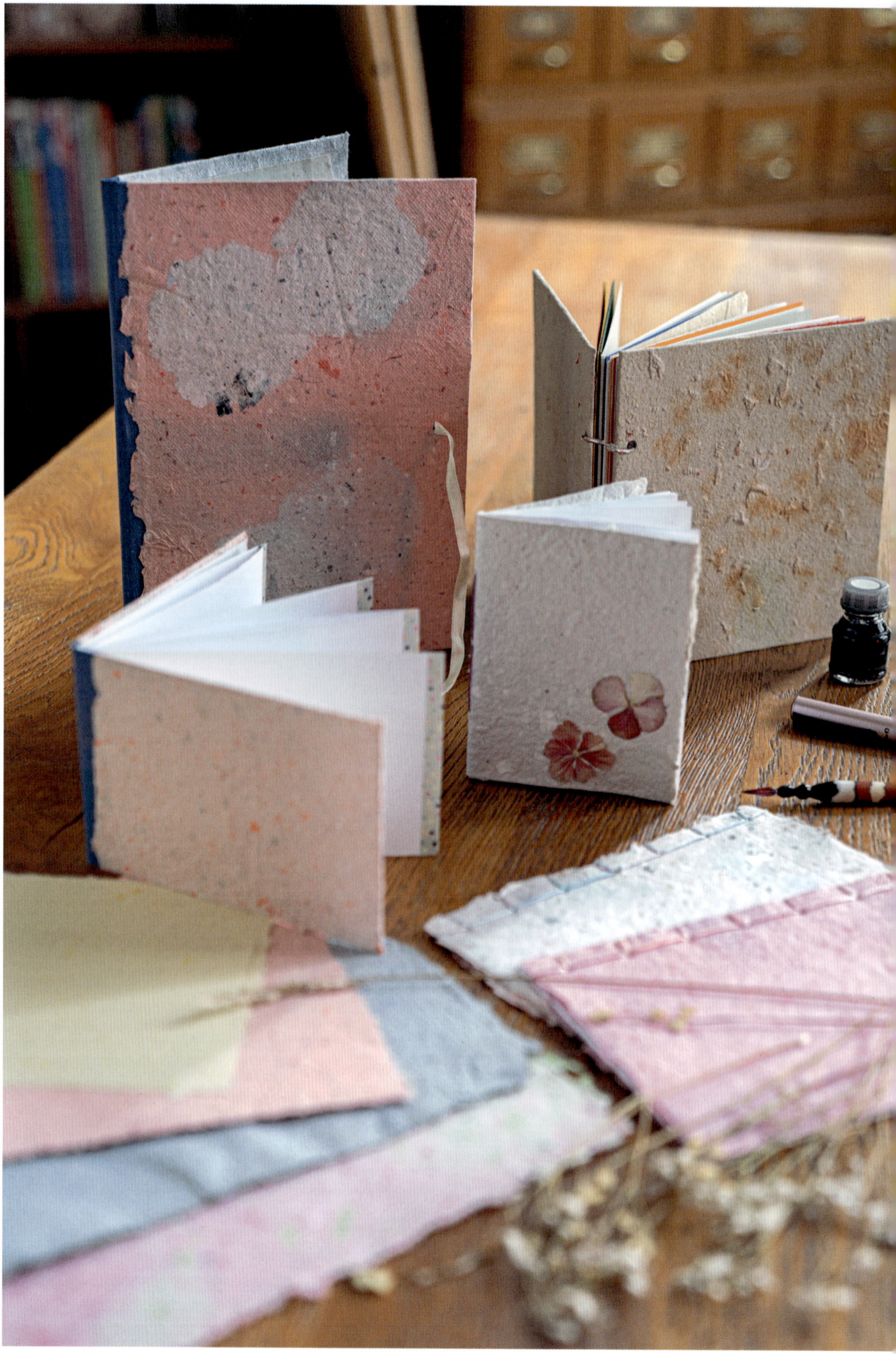

BÜCHER, HEFTE und MAPPEN

Ringbücher, Dokumentenmappen, Leporellos, Notizhefte oder Tagebücher werden durch die Covergestaltung mit selbst geschöpften Papieren zu persönlichen Liebhaberstücken. Für die Herstellung sind Buchbindermaterialien und -werkzeuge hilfreich, aber nicht zwingend nötig. So kann man zum Kaschieren des Papiers auf Pappe auch Sprühkleber oder Kleister statt Buchbinderleim einsetzen. Buchbinderzwirn kann durch Stickgarn ersetzt werden. Etwas stabiler wird das Garn, wenn Sie es durch ein Stück Kerzenwachs ziehen.

KLEINES HEFT MIT FADENHEFTUNG

Für den Umschlag benötigen Sie handgeschöpftes Papier (hier aus Büroaltpapier) im Format DIN A5, das Sie hälftig falten (siehe „Klappkarten", Seite 77). Für die Innenseiten falten Sie ca. drei DIN-A4-Blätter zweimal auf ein DIN-A6-Format. Schieben Sie die Innenseiten in den Umschlag. Stechen Sie mit einer Ahle oder einer spitzen Nadel durch alle Mittelfalze drei Löcher im Abstand von 3,7 cm. Fädeln Sie nun Buchbinderzwirn oder gewachstes Stickgarn in die Nadel und stechen Sie ins mittlere Loch von innen nach außen durch alle Lagen. Das Fadenende lassen Sie hängen. Führen Sie die Nadel durch eines der äußeren Löcher wieder nach innen, durch das mittlere Loch erneut nach außen und durch das letzte äußere Loch wieder nach innen (siehe Skizze auf Seite 125). Nun müssen Sie nur noch die Fadenenden verknoten, auf die gewünschte Länge kürzen und die geschlossenen Innenseiten aufschneiden. Der Umschlag kann beispielsweise mit gepressten Hortensienblüten verziert werden. Etwas Sprühlack schützt die empfindlichen Blüten.

RINGBUCH

Schneiden Sie zwei Pappen und die Innenseiten im gewünschten Format zu. Die Innenseiten sollten etwa 0,5 cm kleiner sein als die Deckel. Beziehen Sie die Pappen, wie auf Seite 96 erklärt, mit etwas stärkerem handgeschöpftem Papier. Setzen Sie den Bürolocher mittig an und lochen Sie die Deckel und die Innenseiten. Halten Sie die Seiten und Deckel mit zwei Buchringen zusammen.

LEPORELLO

Für ein Leporello bietet sich ein kleines Querformat an. Um den Einband herzustellen, gehen Sie so vor, wie auf Seite 96 für die Mappe erklärt. Schneiden Sie einen großen Bogen Papier oder Zeichenkarton in Streifen, die etwa 0,5 cm schmaler sind, als der Einband hoch ist. Falten Sie die Streifen im Zickzack auf Einbandbreite. Legen Sie die Streifen Stoß an Stoß und verbinden Sie sie mit Washi-Tape. Kleben Sie den letzten Streifenabschnitt auf die Innenseite des hinteren Deckels.

Auf den folgenden Seiten zeigen wir die Herstellung eines Heftes mit japanischer Bindung und einer Mappe Schritt für Schritt.

Material

Heft mit japanischer Bindung:
2 handgeschöpfte Papiere, DIN A5
kariertes Papier für die Innenseiten, DIN A5
Pappstreifen, 21 cm lang
Lineal, Schere, Bleistift, Lochzange, Ahle oder Screw Punch (Schraublochstanzer)
2 Foldbackklammern
gewachstes Stickgarn oder Buchbinderzwirn
Sticknadel

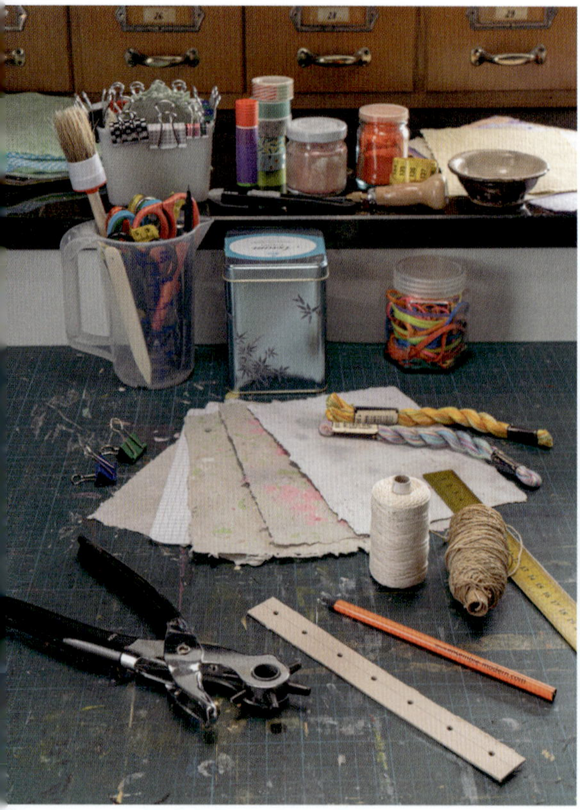

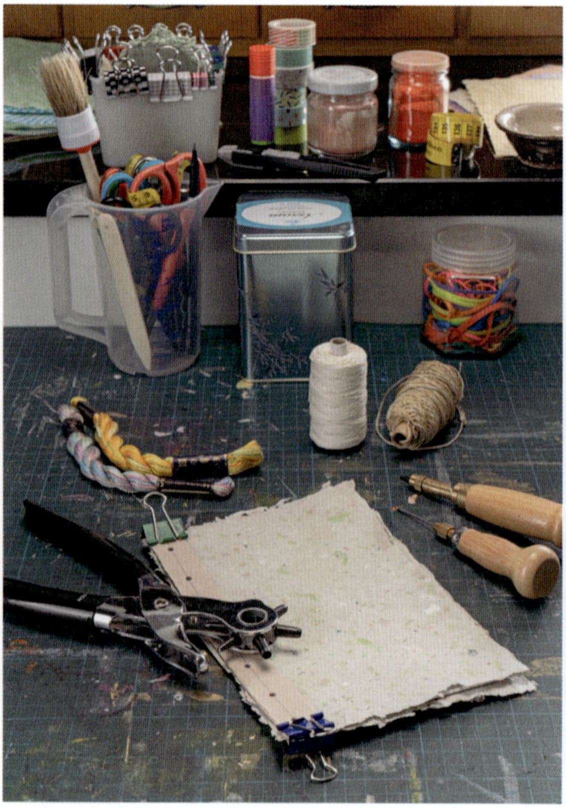

1 Aus dem Pappstreifen eine Schablone für die Lochung herstellen. Dafür den Streifen durch eine vertikale Bleistiftlinie mittig teilen und im Abstand von 1,5 cm zum oberen und unteren Rand lochen. Weitere fünf Löcher mit je 3 cm Abstand setzen.

2 Einen Bogen handgeschöpftes Papier, die Innenseiten und den zweiten handgeschöpften Bogen aufeinanderlegen und die Lochschablone mit Klammern am linken Rand befestigen. Für die Innenseiten empfiehlt sich Karopapier, weil es sich entlang der vertikalen Linien gut zuschneiden lässt. Die Löcher eventuell mit einer Ahle vorstechen und mit dem dünnsten Bohrer einer Revolverlochzange oder mit einem Screw Punch durch die Deckel und alle Innenseiten bohren.

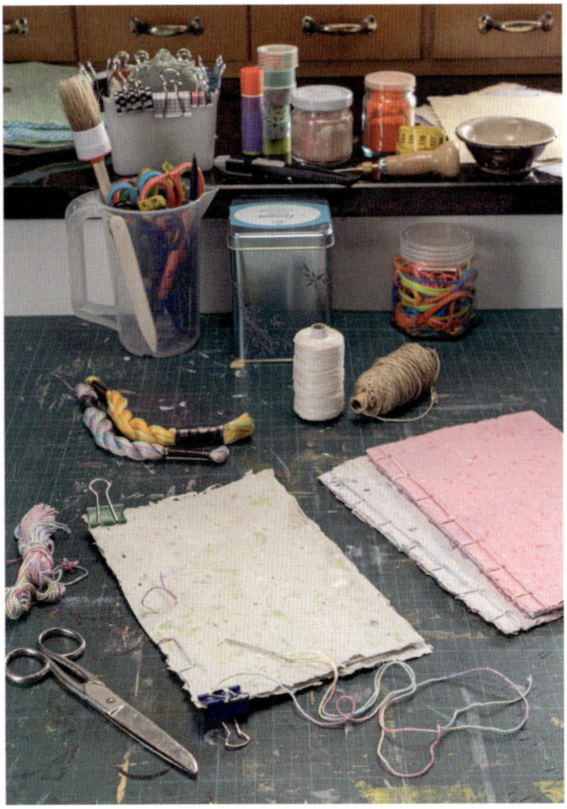

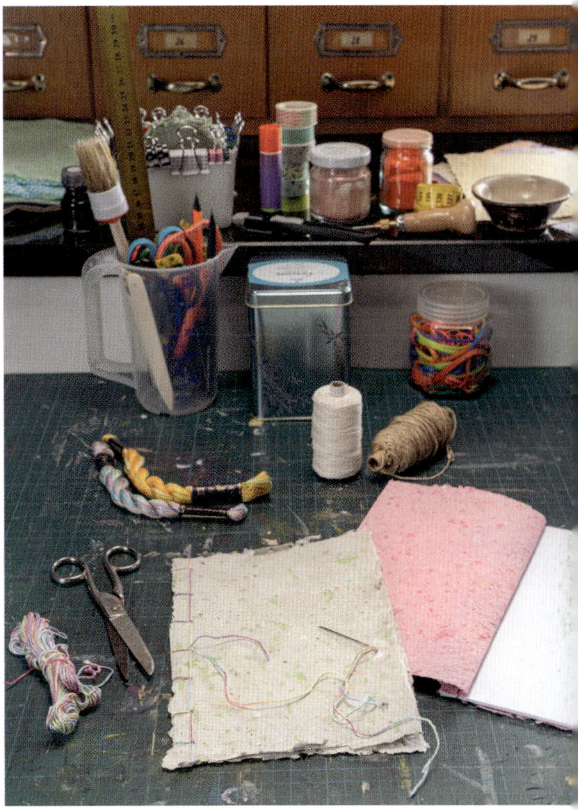

3 Ein etwa 60 cm langes Stück gewachstes Stickgarn in die Nadel einfädeln und den Faden in der Mitte von oben nach unten durch alle gelochten Papiere führen. Das Fadenende hängen lassen. Am benachbarten Loch (rechts oder links – das ist egal) wieder ausstechen und den Faden um den Rücken herumführen (siehe Skizze auf Seite 124). So fortfahren bis zum Rand.

4 An der Ecke den Faden auch um den unteren Rand führen, sodass ein Quadrat entsteht. Dann zurück zur Mitte arbeiten. Die auf dem Hinweg entstandenen Lücken werden auf dem Rückweg automatisch geschlossen. Auf diese Weise weiterarbeiten, bis man wieder am Ausgangspunkt ankommt. Dort die Fadenenden über dem ersten Loch verknoten und mit der Schere kürzen. Statt der Papiere im Format DIN A5 können für die Deckel auch auf ein DIN-A5-Format gefaltete DIN-A4-Papiere verwendet werden. Die vorne geschlossenen Doppelbogen sorgen für mehr Stabilität und die vordere Kante ist etwas weniger empfindlich (siehe pinkfarbenen Deckel im Bild).

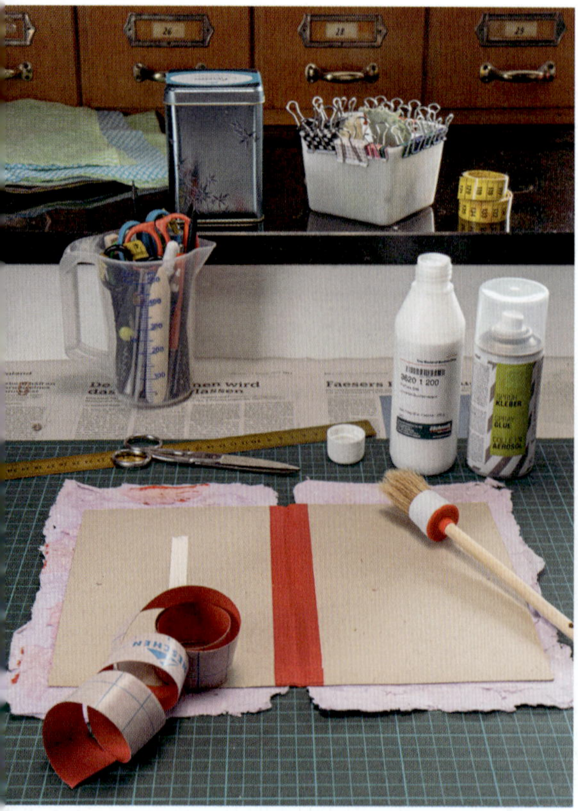

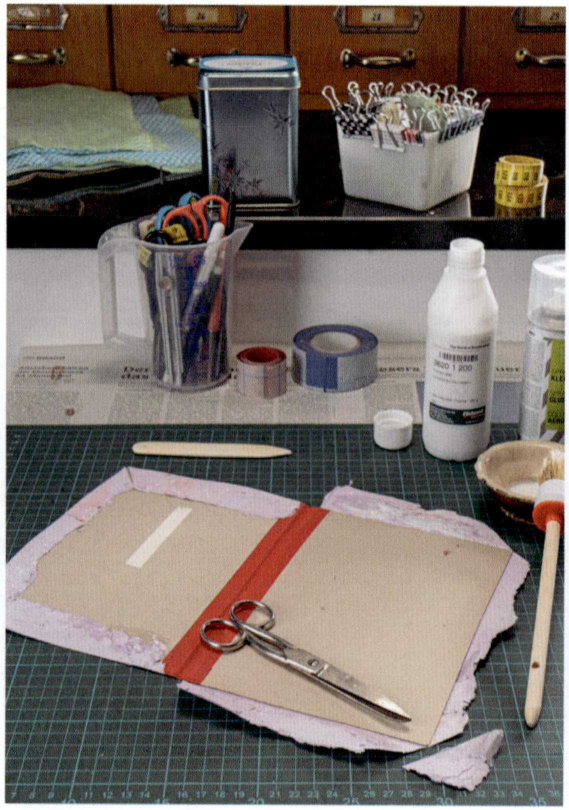

1 Die Pappen mit einem Abstand von etwa 1 cm nebeneinanderlegen und auf der Außenseite mit Gewebeband verbinden. Das oben und unten überstehende Gewebeband nach innen einschlagen. Ein zweites Stück Gewebeband auf der Innenseite darüberkleben. Es sollte oben und unten knapp abschließen. Die Pappen auf der Außenseite mit Leim bestreichen. Alternativ kann ein Sprühkleber verwendet werden. Die Pappen so auf den Bezugspapieren platzieren, dass jeweils an den drei offenen Seiten ca. 2 cm Papier überstehen.

2 Das Papier an den Ecken schräg abschneiden, mit Leim bestreichen und nach innen einschlagen. Alternativ für noch schönere Ecken das Papier mit einem kleinen Abstand zur Ecke (ca. doppelte Pappenstärke) schräg abschneiden und diesen minimalen Überstand beim Einschlagen einknicken.

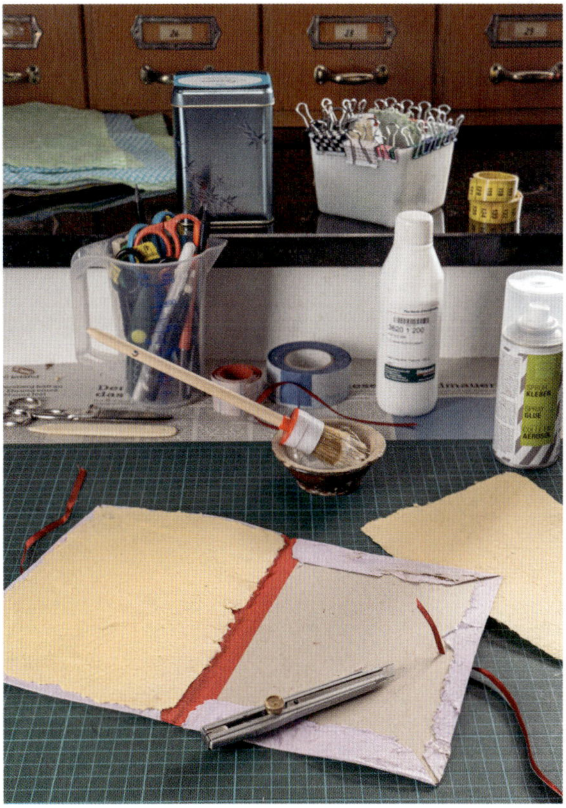

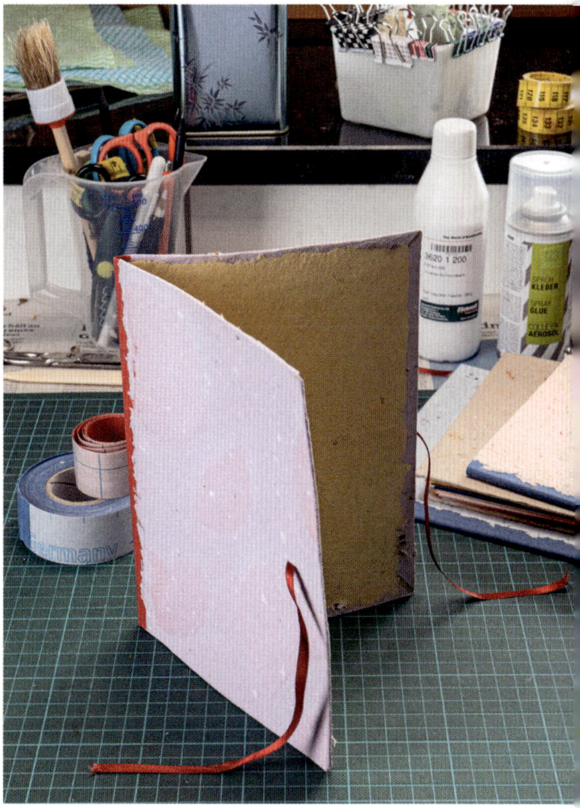

3 Um die Mappe verschließbar zu machen, mit dem Cutter auf beiden Pappen in halber Höhe und ca. 2 cm vom Rand entfernt einen Schlitz schneiden, je ein Stück Leinenbändchen einziehen und innen festkleben. Anschließend die Innenseiten mit den Spiegeln verkleiden, die etwas kleiner sind als die Pappen.

4 Biegen sich die bezogenen Pappen, die Mappe zum Schluss in der Presse glätten oder über Nacht mit Gewichten beschweren.

Material
Mappe:
2 Graupappen
selbstklebendes Gewebeband, 3 cm breit
2 handgeschöpfte Papiere, etwas größer als die Pappen
Buchbinderleim und Pinsel oder Sprühkleber
2 Papiere als sog. Spiegel, etwas kleiner als die Pappen
Leinenbändchen
Falzbein
Schere und Cutter

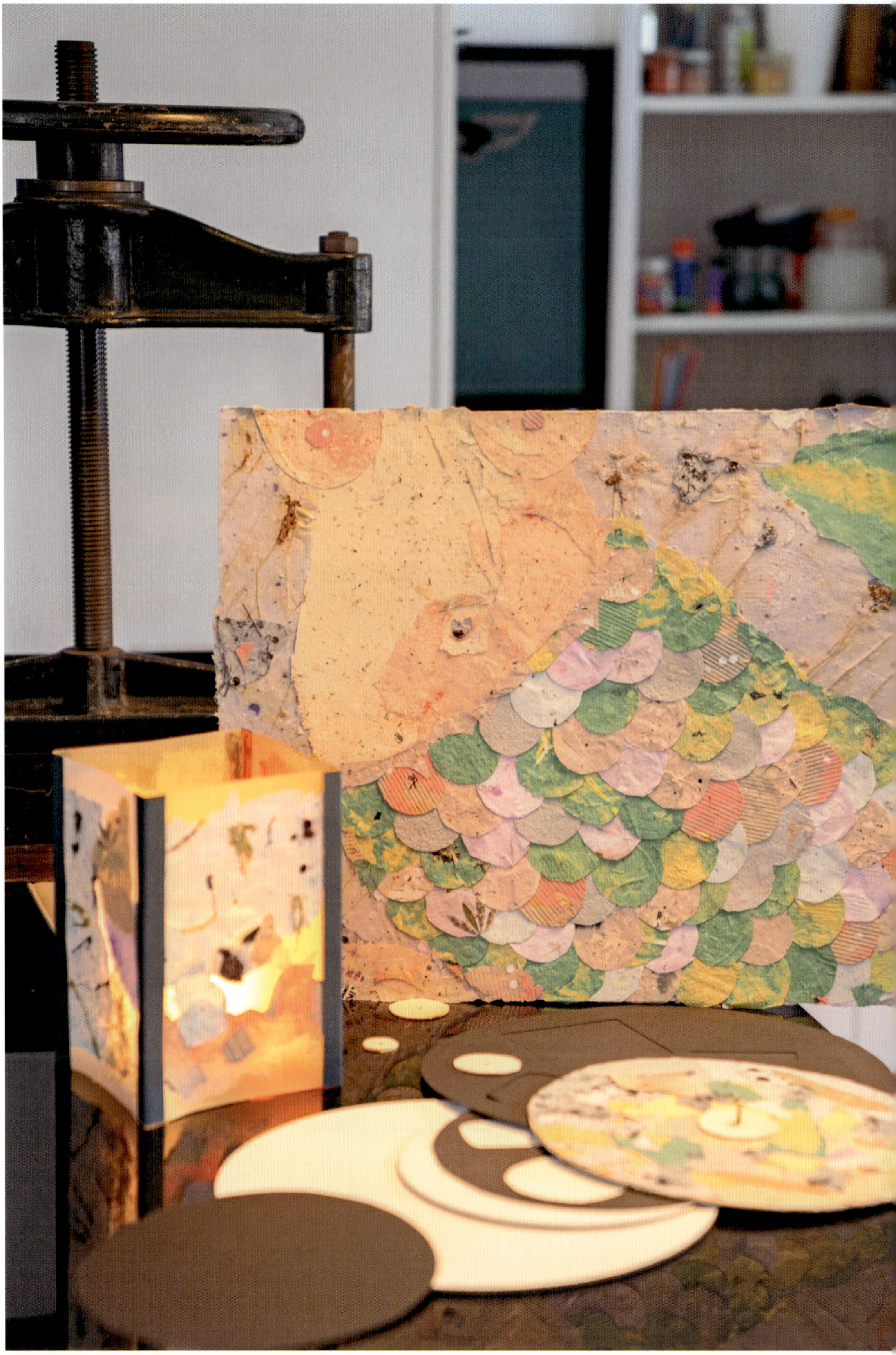

COLLAGEN

Es bietet sich an, selbst geschöpfte Papiere zu Collagen zu verarbeiten. Zum einen sind die Papiere oftmals interessant strukturiert, haben unterschiedliche Farbtöne und weisen Einsprengsel auf, was in Collagen für Originalität und Spannung sorgt. Zum anderen können fehlerhafte Papierbogen mit Löchern, gerissene Papiere und Reste sehr gut für Collagen verwendet werden. Auch Reste von Pflanzenpapieren lassen sich auf diese Weise verwerten.

Im Foto links sehen Sie unter anderem Dorina Tessmanns Collage „Mermaid", für die ausschließlich selbst geschöpfte kolorierte Papiere mit Einschlüssen und Prägungen zugeschnitten und gerissen wurden. Diese Collage soll Sie zu eigenen Versuchen inspirieren und wird nicht Schritt für Schritt angeleitet.

Sie finden im Folgenden Anleitungen für eine Collage mit aufgesetzter Passepartout-Scheibe, von uns „Kunst im Nu" genannt. Außerdem zeigen wir in vier Schritten die Herstellung eines collagierten Lampenschirms.

Material

Kunst im Nu:
fester Karton, DIN A4
schwarzer Tonkarton, DIN A4
Zirkel, Schere, Cutter
handgeschöpfte Papiere und Papierreste
Screw Punch (Schraublochstanzer), Ø 2,5 mm
Klebestift
Musterbeutelklammer

Lampenschirm:
handgeschöpfte Papiere und Pflanzenpapiere
4 farbige Transparentpapiere, DIN A4
4 Tonkartonstreifen, je 14,8 x 3 cm
Schere, Cutter, Falzbein
Klebestift

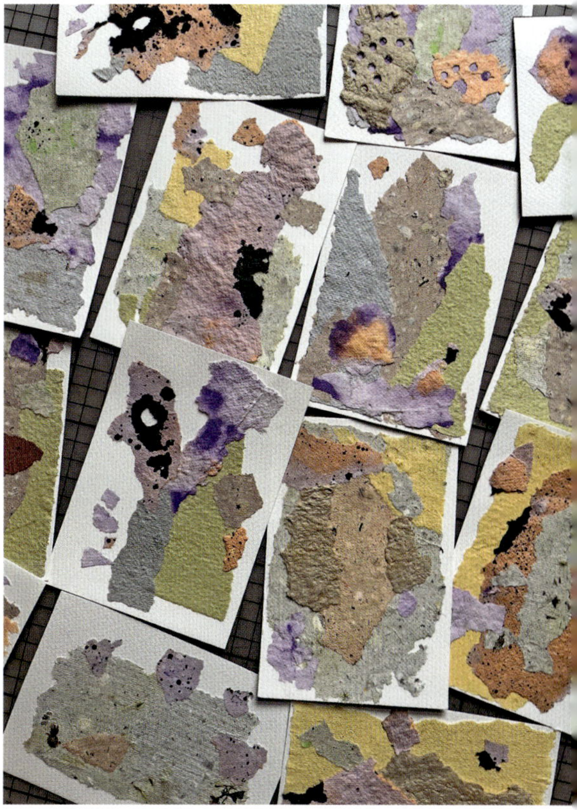

Mit handgeschöpften Papieren lassen sich zahlreiche Struktur- und Farbkontraste in eine Collage einbringen. Vor allem durch Probieren findet man die richtige Balance zwischen den einzelnen Bildelementen. Zusätzliche Akzente können beispielsweise mit farbiger Tusche gesetzt werden.

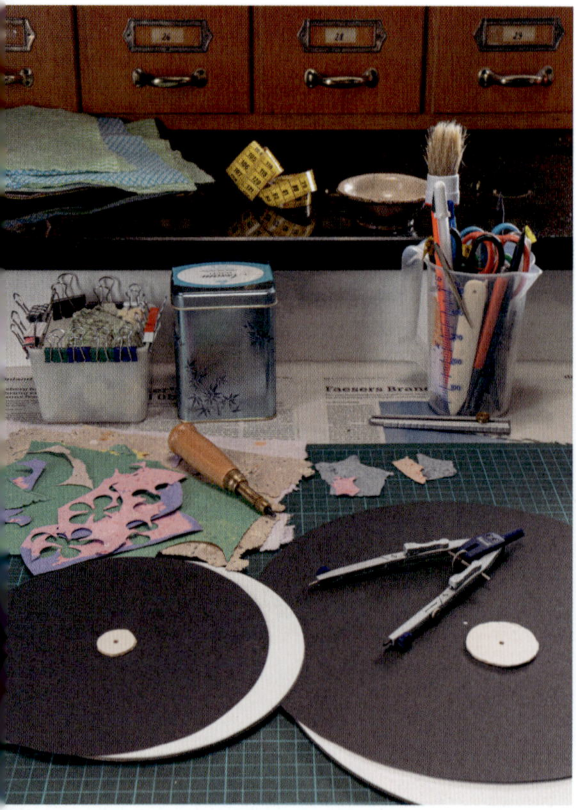

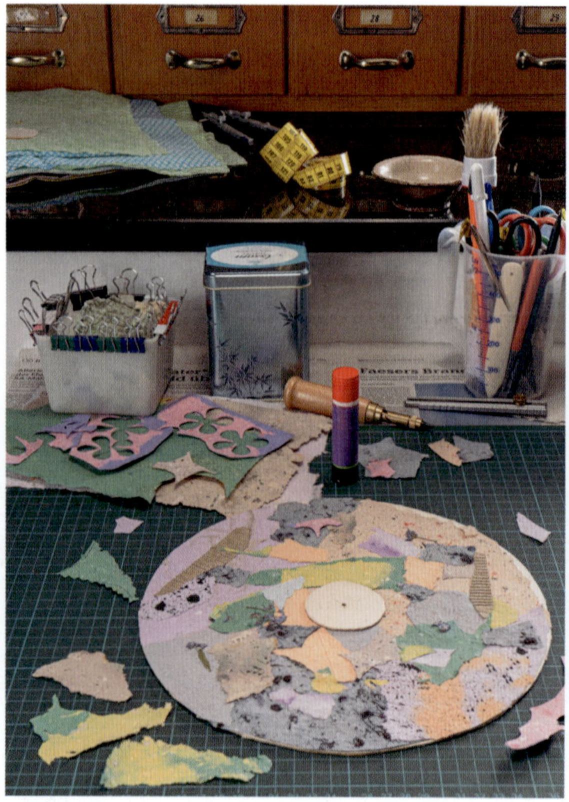

1 Auf den Karton und den schwarzen Tonkarton mit dem Zirkel je einen Kreis mit einem Durchmesser von 21 cm zeichnen und die Kreise ausschneiden. Außerdem eine kleine Scheibe mit einem Durchmesser von ca. 3 cm auf dem festen Karton anzeichnen und zuschneiden. In der Kreismitte aller Scheiben ein Loch mit dem Screw Punch stanzen.

2 Die große Scheibe aus festem Karton mit gerissenen handgeschöpften Papieren als Collage gestalten. Dabei auf Farb- und Formkontraste achten und mit Größenunterschieden spielen. Die Papiere mit Klebestift auf der Scheibe befestigen. Eine kleine Kartonscheibe in die Mitte kleben.

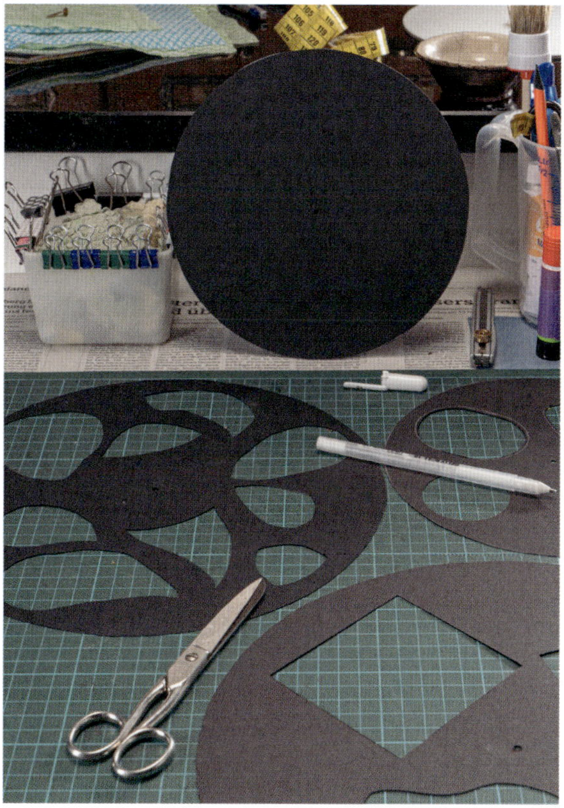

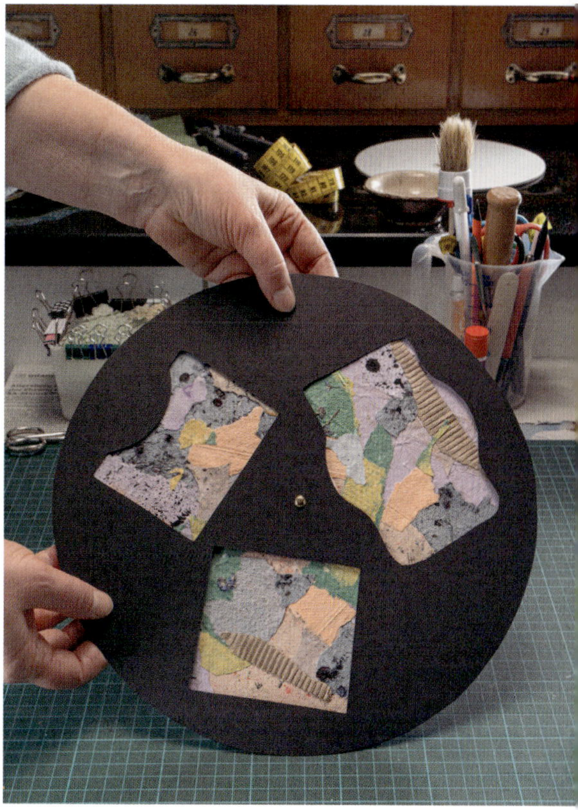

3 Die schwarze Scheibe nach Wunsch mit Ausschnitten versehen. Dabei einen Abstand von ca. 2 cm zur Kreismitte einhalten (darunter sitzt später die kleine Scheibe und sollte nicht zu sehen sein).

4 Die schwarze Scheibe und die collagierte Scheibe mit einer Musterbeutelklammer verbinden. Dreht man die schwarze Scheibe, ergeben sich jeweils neue Bildausschnitte. So entsteht Kunst im Nu!

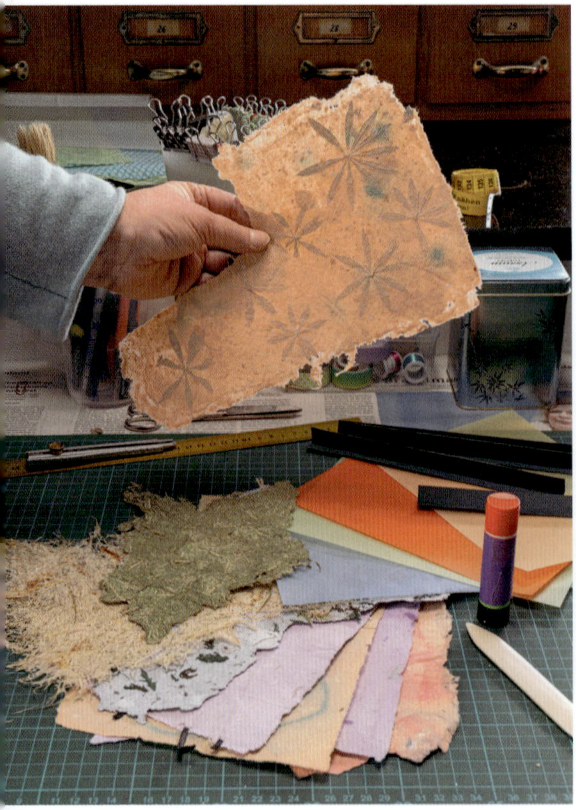

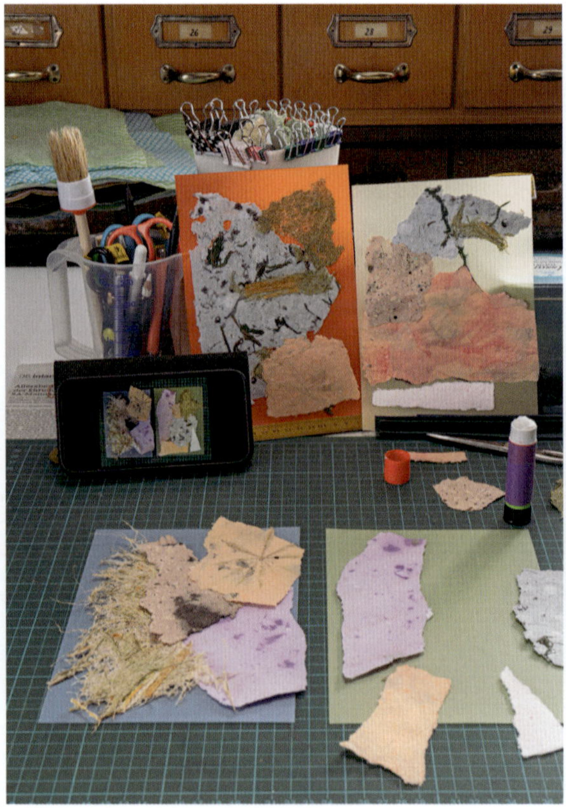

1 Handgeschöpfte Papiere für die Lampengestaltung auswählen. Sie sollten interessante Einschlüsse aufweisen und lichtdurchlässig sein. Die Kartonstreifen längs in der Mitte falten.

2 Auf den Transparentpapieren die Collagen probeweise zusammensetzen. Dabei darauf achten, dass sich die einzelnen Papiere nur leicht überschneiden. Ist man mit dem Ergebnis zufrieden, ggf. ein Foto mit dem Smartphone aufnehmen, das als Gedächtnisstütze dient. Mit dem Klebestift die Collageelemente auf dem Transparentpapier befestigen. Dabei unten liegende Elemente zuerst aufkleben und oben liegende Teile darüberkleben.

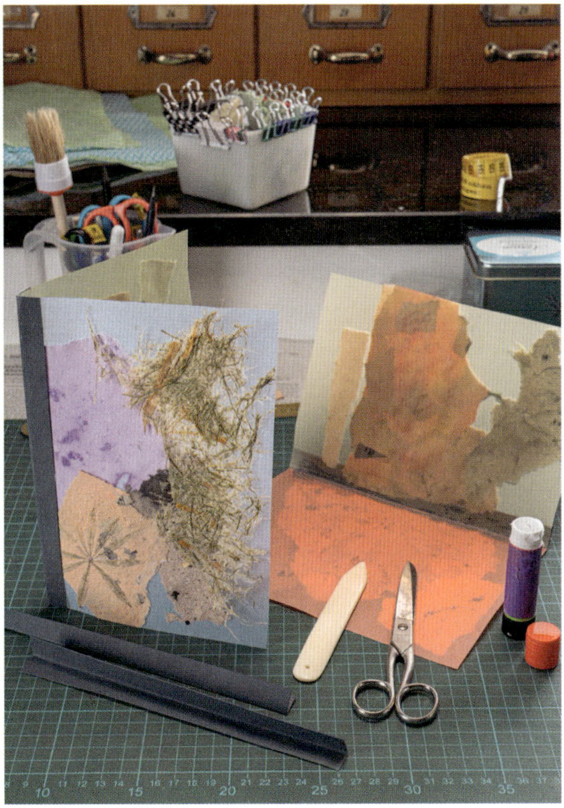

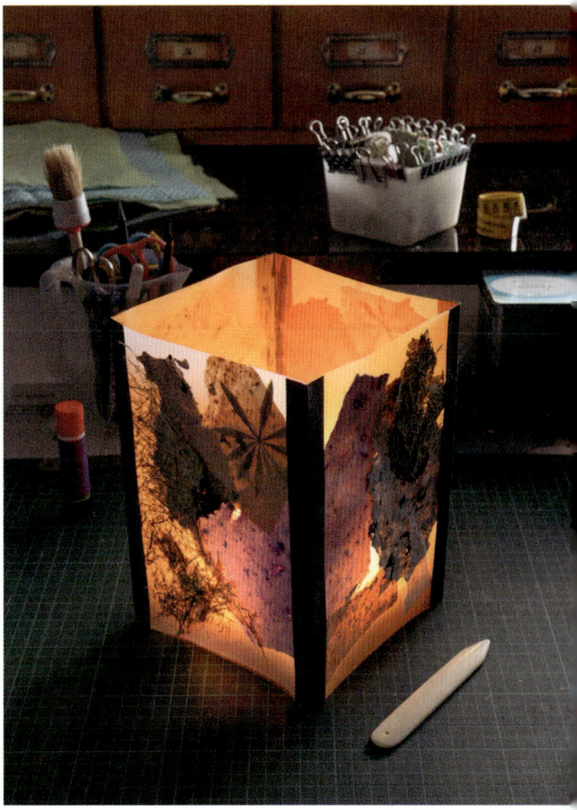

3 Ist der Klebstoff getrocknet, die Transparentpapiere zum Lampenschirm zusammenfügen. Die Kartonstreifen dienen als Verbindungsstücke in den vier Ecken. Am besten zuerst jeweils zwei Seiten mithilfe des Klebestifts verbinden und diese zum Schluss zum nach oben und unten offenen Quader zusammensetzen.

4 Eine Lichtquelle im Inneren platzieren. Durch die unterschiedlich durchscheinenden Papiere ergibt sich ein schönes Farbenspiel und das warme Licht sorgt für eine gemütliche Atmosphäre.

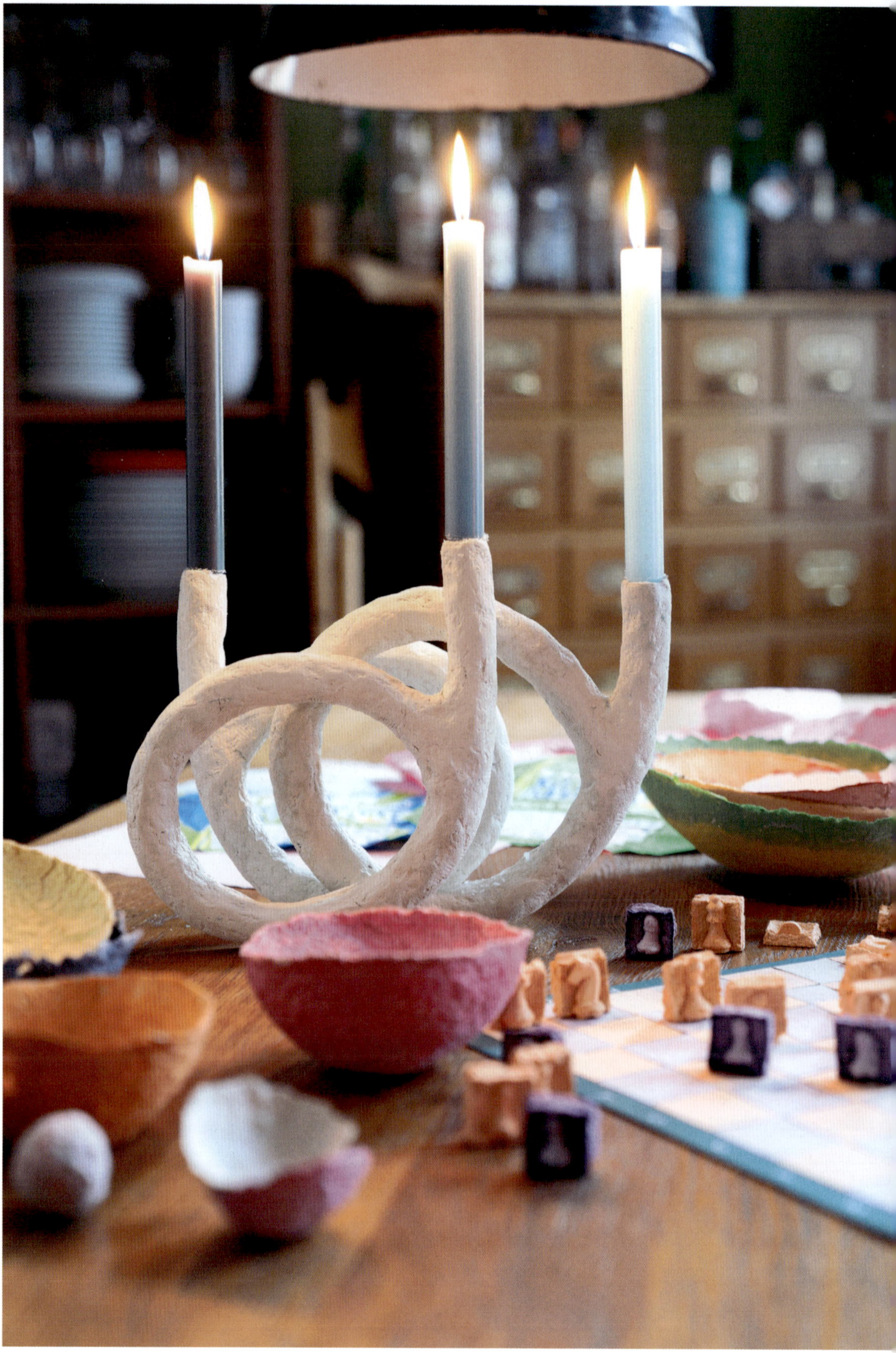

OBJEKTE aus PULPE und PAPIERMACHÉ

Die Begriffe „Pulpe" und „Papiermaché" werden oftmals gleichbedeutend verwendet. Wenn in diesem Buch von Pulpe die Rede ist, meinen wir den Papierbrei bzw. die Masse, aus der Papier geschöpft wird. Papiermaché hingegen besteht nicht nur aus Wasser und Papierfasern, sondern enthält zudem ein Bindemittel, z. B. Tapetenkleister. Papiermaché eignet sich gut zum Modellieren und wurde in vergangenen Jahrhunderten sogar als kostengünstiger Ersatz für Holz oder Stuck genutzt. So besteht beispielsweise ein Großteil der Innen- und Außendekorationen des Schlosses Ludwigslust in Mecklenburg-Vorpommern aus Papiermaché. Man spricht vom „Ludwigsluster Carton".

IM SIEB GESCHÖPFTE PAPIERSCHALEN

Auch ohne die Zugabe von Kleister ist es möglich, dreidimensionale Objekte zu gestalten. Aus Pulpenresten lassen sich beispielsweise schöne Papierschalen schöpfen. Legen Sie ein Sieb über einen Eimer und gießen Sie den Rest aus der Bütte hinein. Die Papierfasern setzen sich auf dem Gitter ab und bilden nach dem Trocknen eine dünnwandige Schale. Planen Sie unbedingt genügend Trocknungszeit ein – auch in der Sonne oder vor der Heizung dauert es mehrere Tage, bis die Schale komplett durchgetrocknet ist und aus dem Sieb herausgenommen werden kann.

Eine kürzere Trocknungszeit benötigen Schalen aus Papiermaché, die nicht durch das Abseihen der Pulpe mit einem Sieb, sondern durch das Abformen fertiger Schalen entstehen. Auf den folgenden Seiten zeigen wir Schritt für Schritt, wie eine solche Schale geformt wird. Außerdem erläutern wir, wie ein Schachbrett samt den zugehörigen Spielfiguren aus Pulpe und ein Kerzenleuchter aus Papiermaché hergestellt werden.

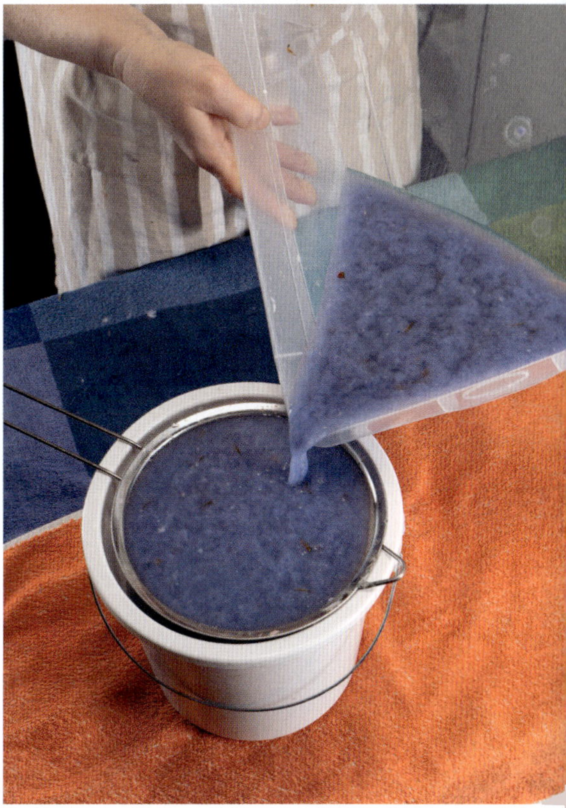

Die Reste aus der Schöpfwanne nicht ungefiltert in den Abfluss gießen. Stattdessen ein Sieb über einen Eimer legen und die restliche Pulpe hineingießen. Die Papierfasern setzen sich gleichmäßig auf dem Gitter ab und ergeben nach dem (langen!) Trocknen eine Papierschale.

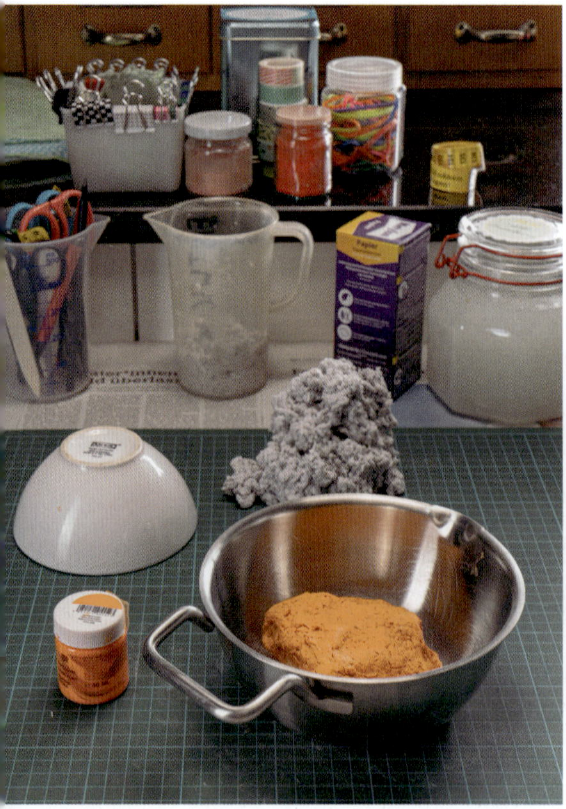

1 Die eingefärbte Pulpe in ein Tuch wickeln und im Spülbecken das Wasser herauspressen. Nach Packungsangabe wenig Tapetenkleister ansetzen. Die Pulpe in eine Schüssel geben und unter Zugabe von etwas Kleister kräftig durchkneten. Je nachdem, ob die Masse zu trocken oder zu klebrig ist, noch etwas Kleister oder Pulpe hinzugeben. Die Masse soll sich anfühlen wie ein gut formbarer Teig.

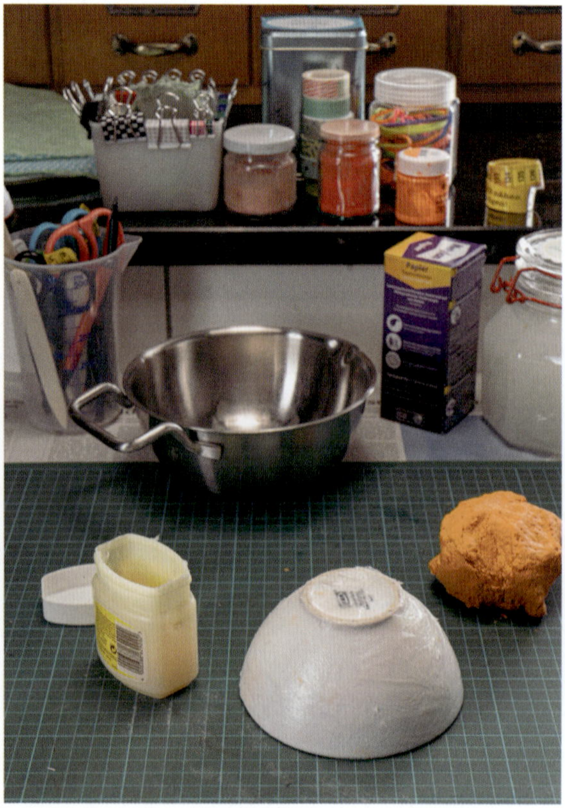

2 Die Schale dick mit Vaseline einschmieren.

Material
Schale aus Papiermaché:
ca. 0,2 l gefärbte Pulpe
Tuch
ca. 1 EL Tapetenkleister
Schale zum Abformen
Vaseline
Schere, evtl. Messer

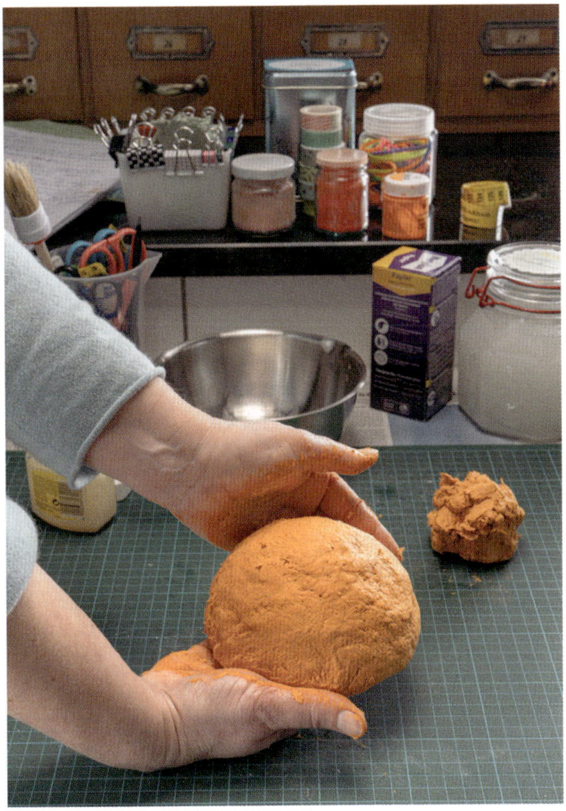

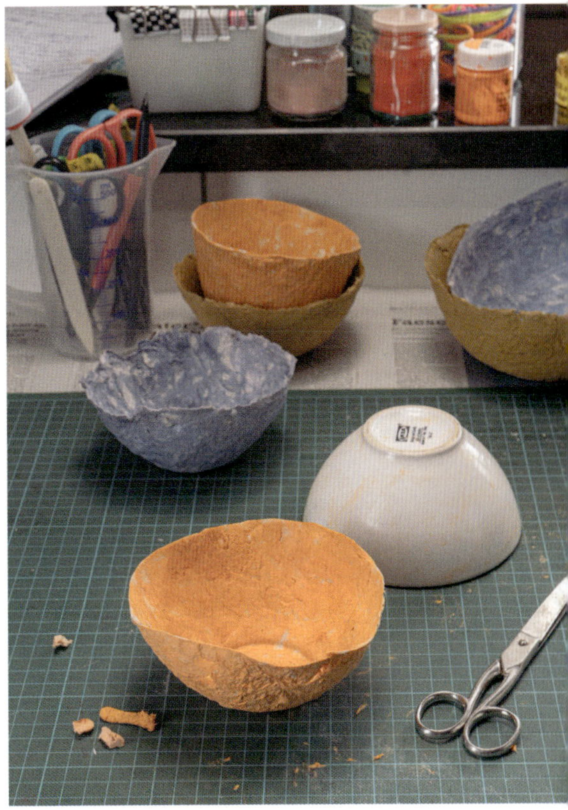

3 Nun die Schale gleichmäßig mit der Papiermaché-Masse ummanteln und mit den Händen glätten. Gut durchtrocknen lassen.

4 Wenn die Papierschale nach zwei bis drei Tagen getrocknet ist, lässt sie sich von der Form abheben. Eventuell mit der Schneide eines Messers zwischen Papierschale und Form entlangfahren, um die Papierschale zu lösen. Ungleichmäßige Ränder können nach der Trocknung mithilfe einer Schere begradigt werden.

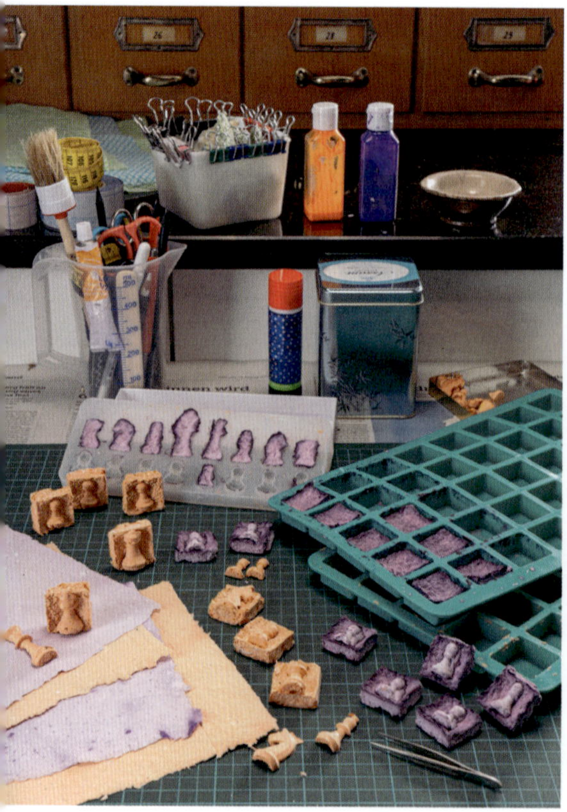

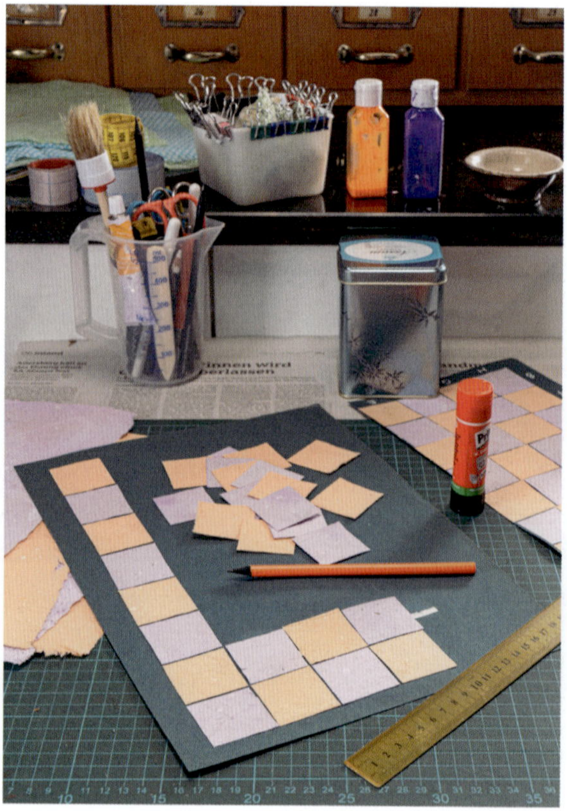

1 Man benötigt von jeder Farbe 16 Würfel sowie ein Schachfiguren-Set à 16 Figuren. Die farbigen Pulpen jeweils in die Eiswürfelformen und die Schachfigur-Gießformen einfüllen und einige Tage trocknen lassen.

2 In der Zwischenzeit das Schachbrett herstellen. Hierfür aus den geschöpften Papieren jeweils 32 Quadrate à 4 x 4 cm in jeder Farbe zuschneiden. Die beiden Kartons im farblichen Wechsel mit den Quadraten bekleben, dabei an drei Seiten einen Randstreifen zum Beschriften belassen. Auf jeden Karton werden die Quadrate in vier Spalten und acht Reihen aufgeklebt.

Material
Schachspiel:
2 farbige Pulpen
2 Schachfigur-Gießformen aus Silikon
Eiswürfelformen aus Silikon
aus den farbigen Pulpen geschöpfte Papiere
Klebestift
2 gleich große, feste Kartons, je ca. 18 x 35 cm
Bleistift, Lineal
weißer Gelstift
Schere
selbstklebendes Gewebeband

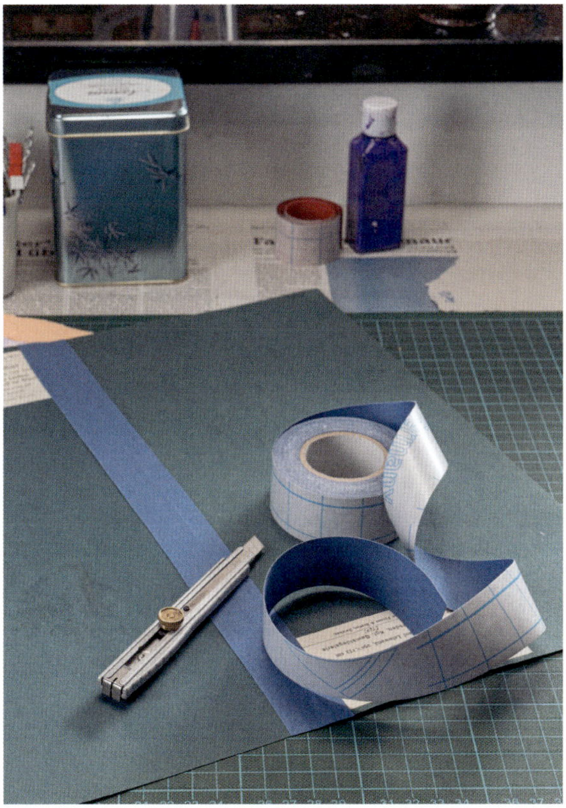

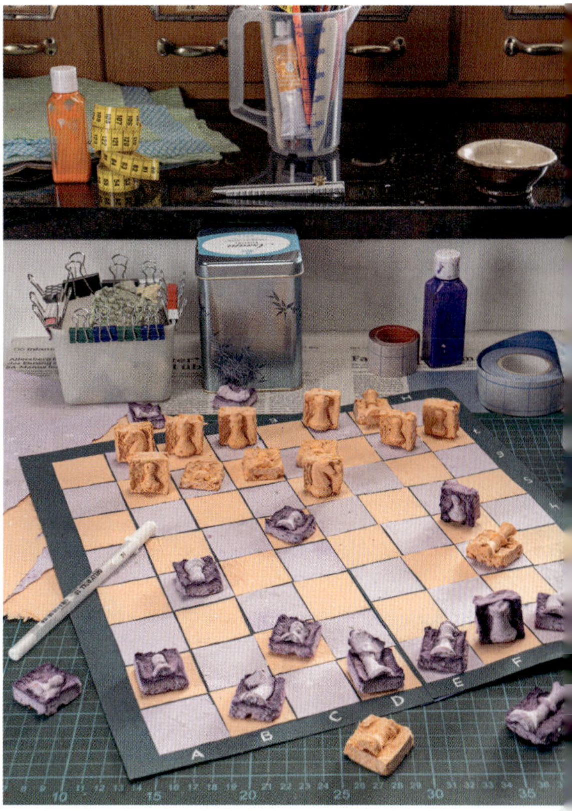

3 Die beklebten Kartons wenden und die langen Seiten ohne Randstreifen zum Beschriften auf der Kartonrückseite mit Gewebeband verbinden. Die Verbindung mit Gewebeband erlaubt das Zusammenklappen und platzsparende Aufbewahren des Spielbretts.

4 Zum Schluss die getrockneten Schachfiguren auf die Würfel in der gleichen Farbe kleben. Die Spalten und Reihen des Schachbretts mit den Buchstaben A bis H bzw. den Zahlen 1 bis 8 mit dem Gelstift beschriften.

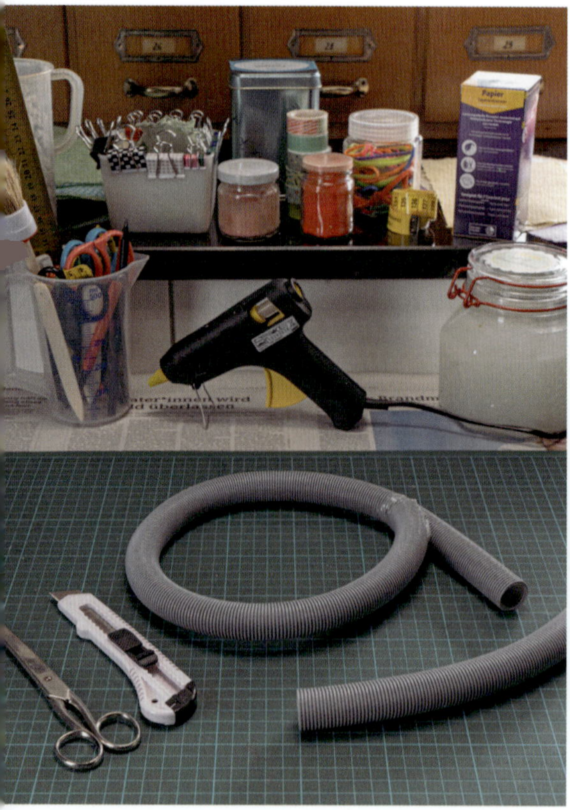

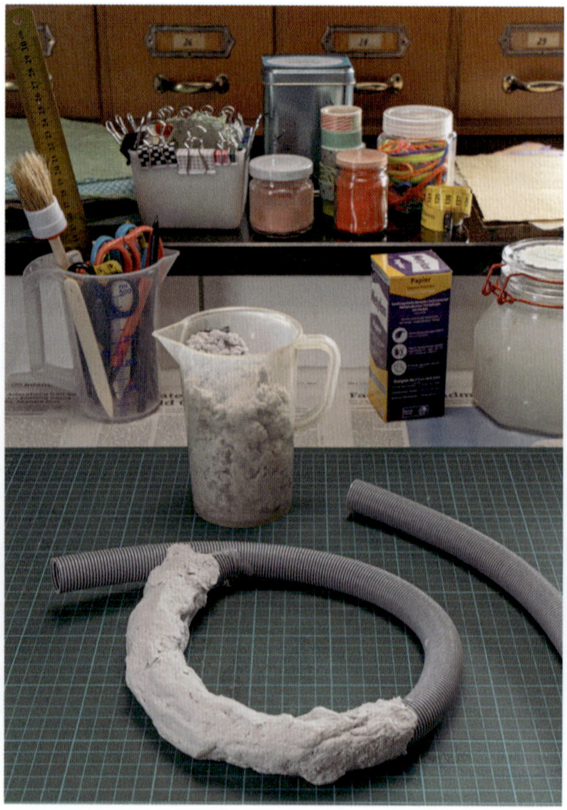

1 Die beiden Enden des Ablaufschlauchs mit einem Cutter entfernen und drei Stücke von ca. 70 cm, 75 cm und 77 cm Länge abschneiden. In ein Ende jeweils eine Kerbe einschneiden, das Schlauchende kreisförmig biegen und mit etwa 10 cm Abstand zum anderen Ende mit Heißkleber festkleben.

2 Wie auf Seite 106 erklärt, die Pulpe mit Kleister mischen und so lange kneten, bis sich eine gut formbare Papiermaché-Masse ergibt. Die Masse auf den Schlauchstücken verteilen und gleichmäßig verstreichen. Trocknen lassen.

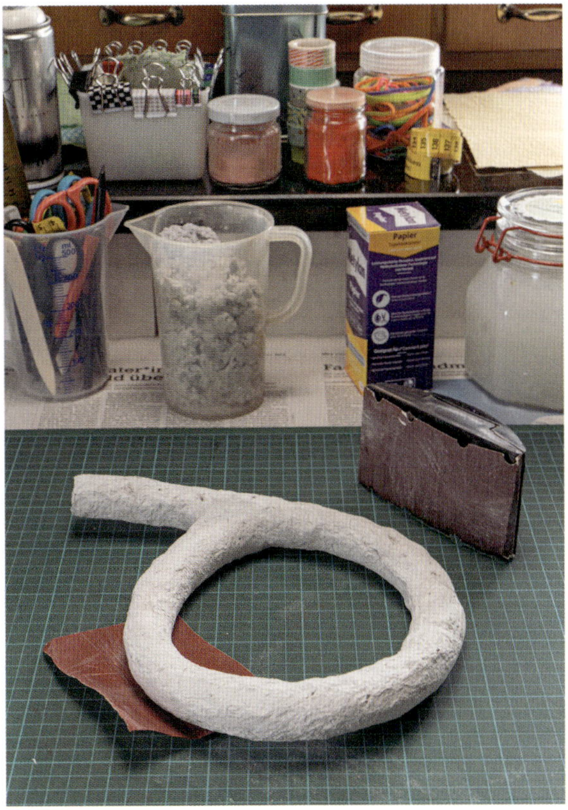

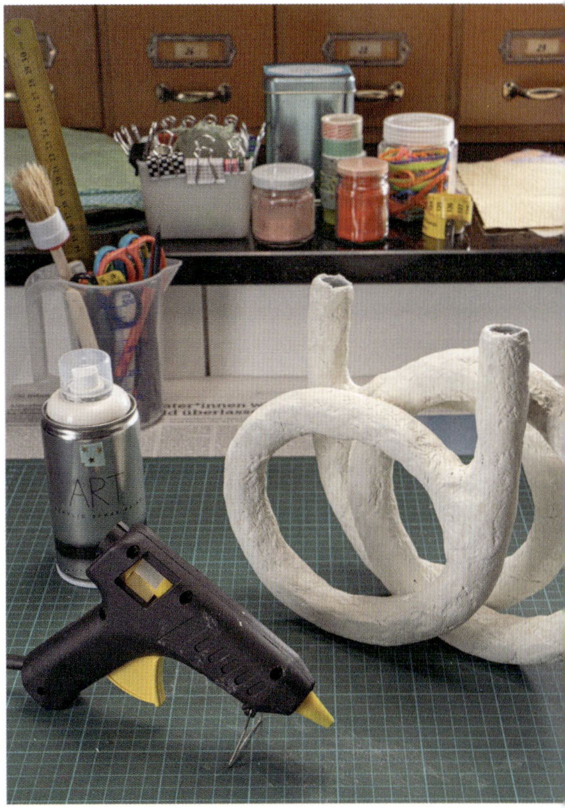

3 Nach ungefähr zwei Tagen ist das Papiermaché getrocknet und kann mit Schleifpapier geglättet werden. Das trockene Papiermaché lässt sich sogar mit einem Schwingschleifer bearbeiten.

4 Die drei verkleideten und abgeschliffenen Einzelteile, wie auf dem Foto zu sehen, versetzt und verschieden ausgerichtet nebeneinanderstellen und dort, wo sie sich berühren, mit Heißkleber verbinden. Zum Schluss nach Wunsch mit Sprühlack einfärben.

Material
Kerzenleuchter:
Ablaufschlauch,
2,5 m lang, Ø innen 19 mm
ca. 1 l Pulpe
Tuch
ca. 5 EL Tapetenkleister
Schere, Cutter
Heißkleber
Schleifpapier oder Schwingschleifer
Sprühlack

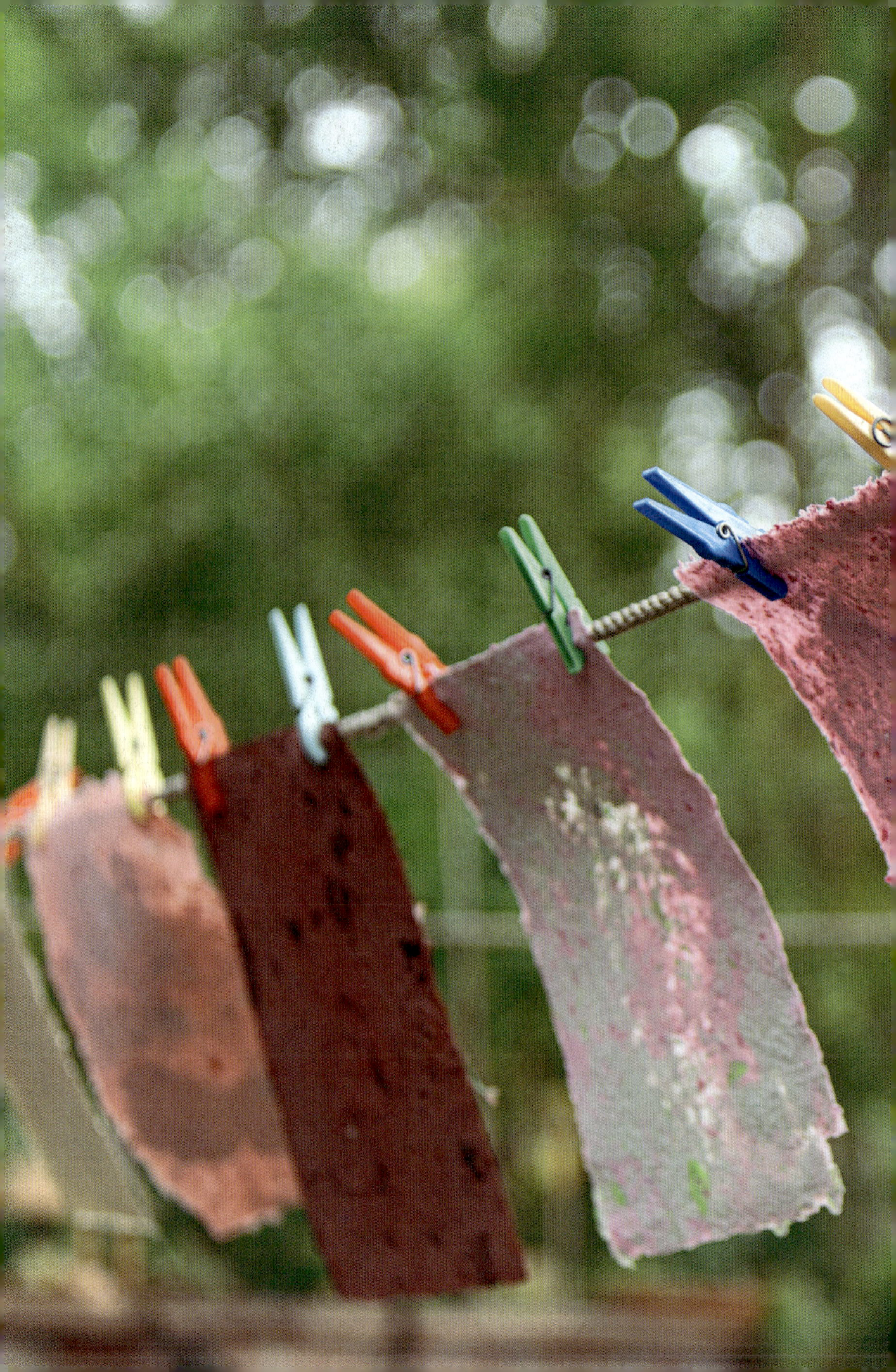

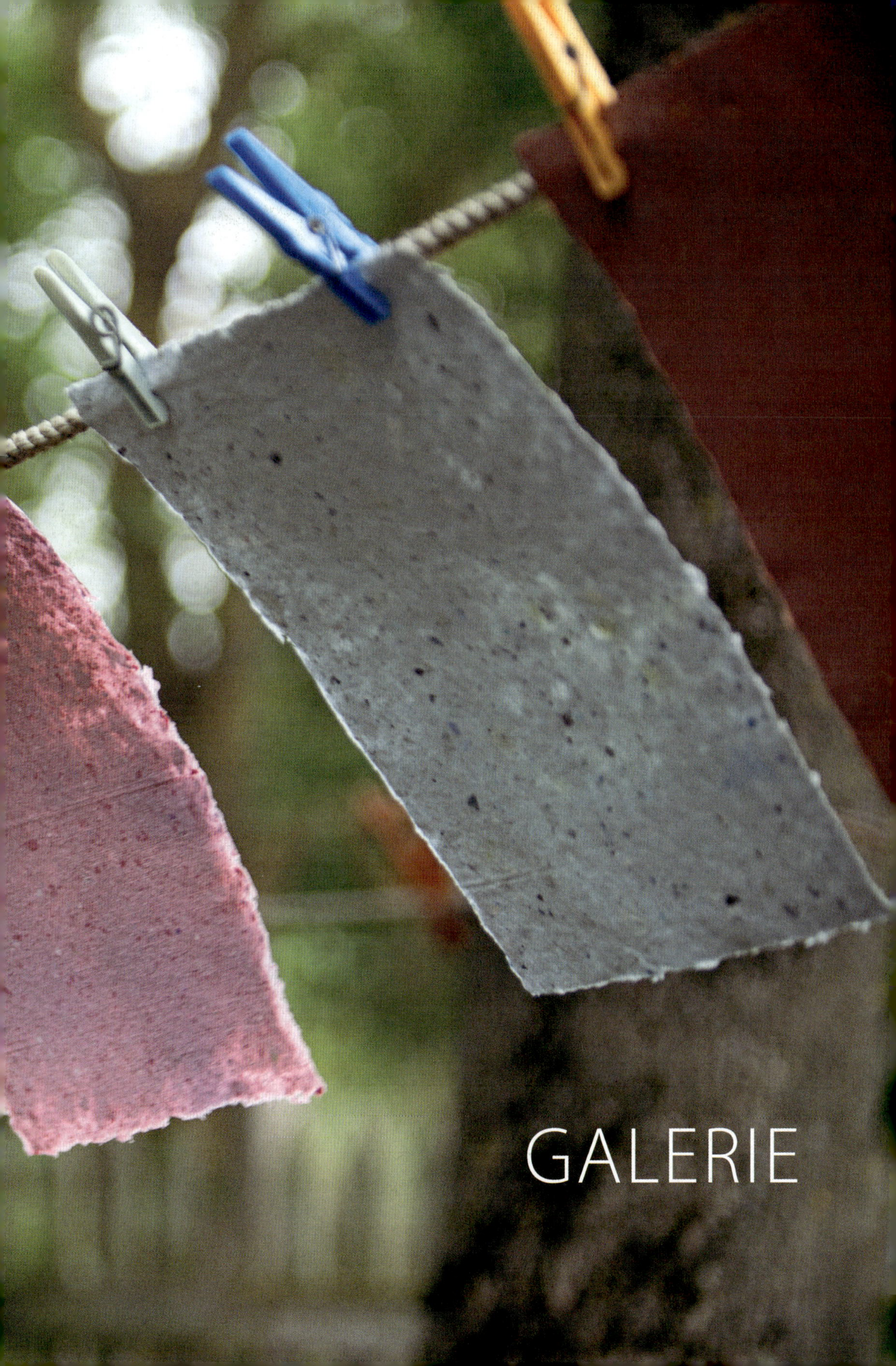

GALERIE

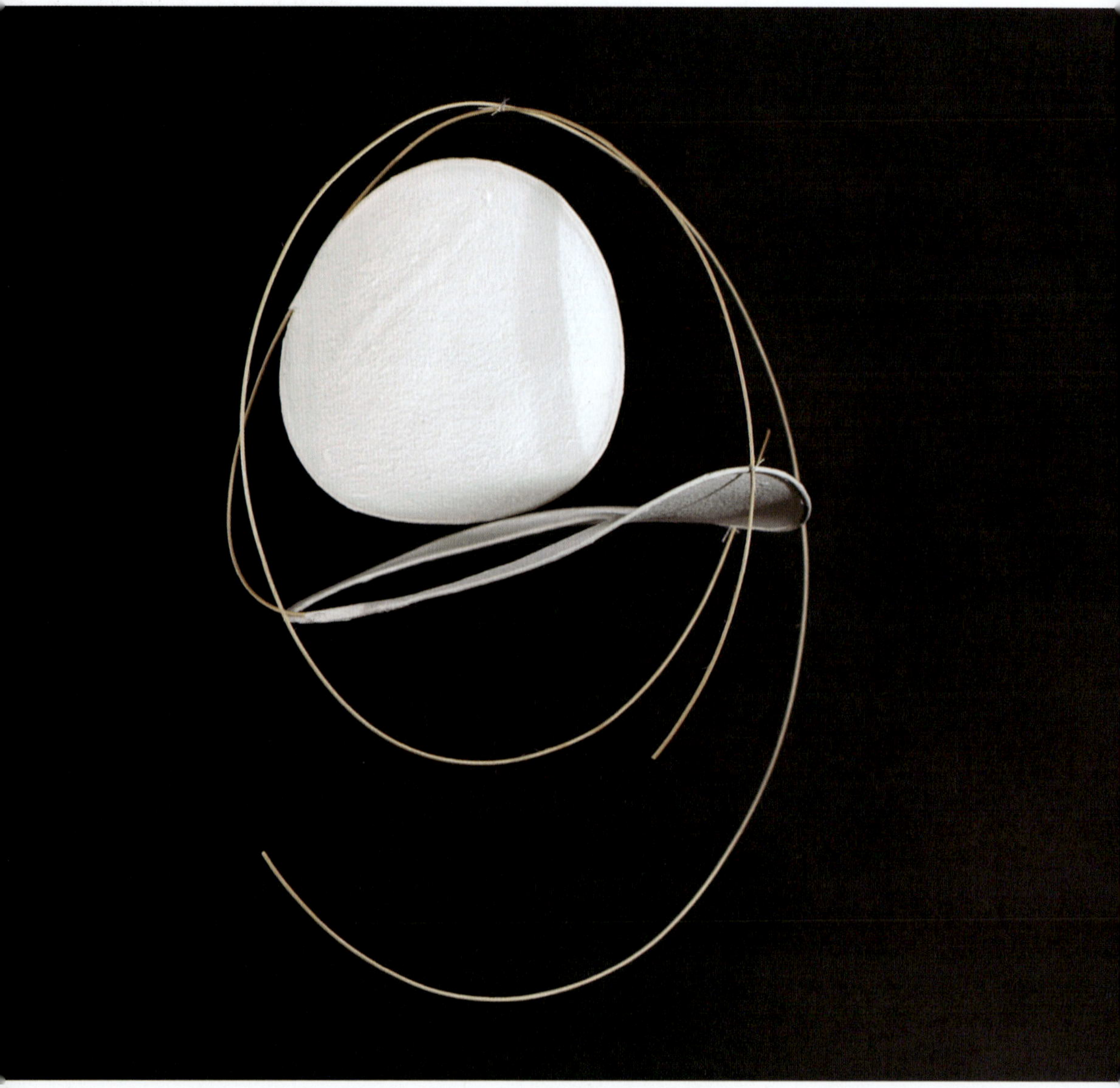

Traudel Stahl: Bewegtes Papier #13, 22 x 22 x 24 cm,
handgeschöpftes Papier aus Baumwolle, Peddigrohr

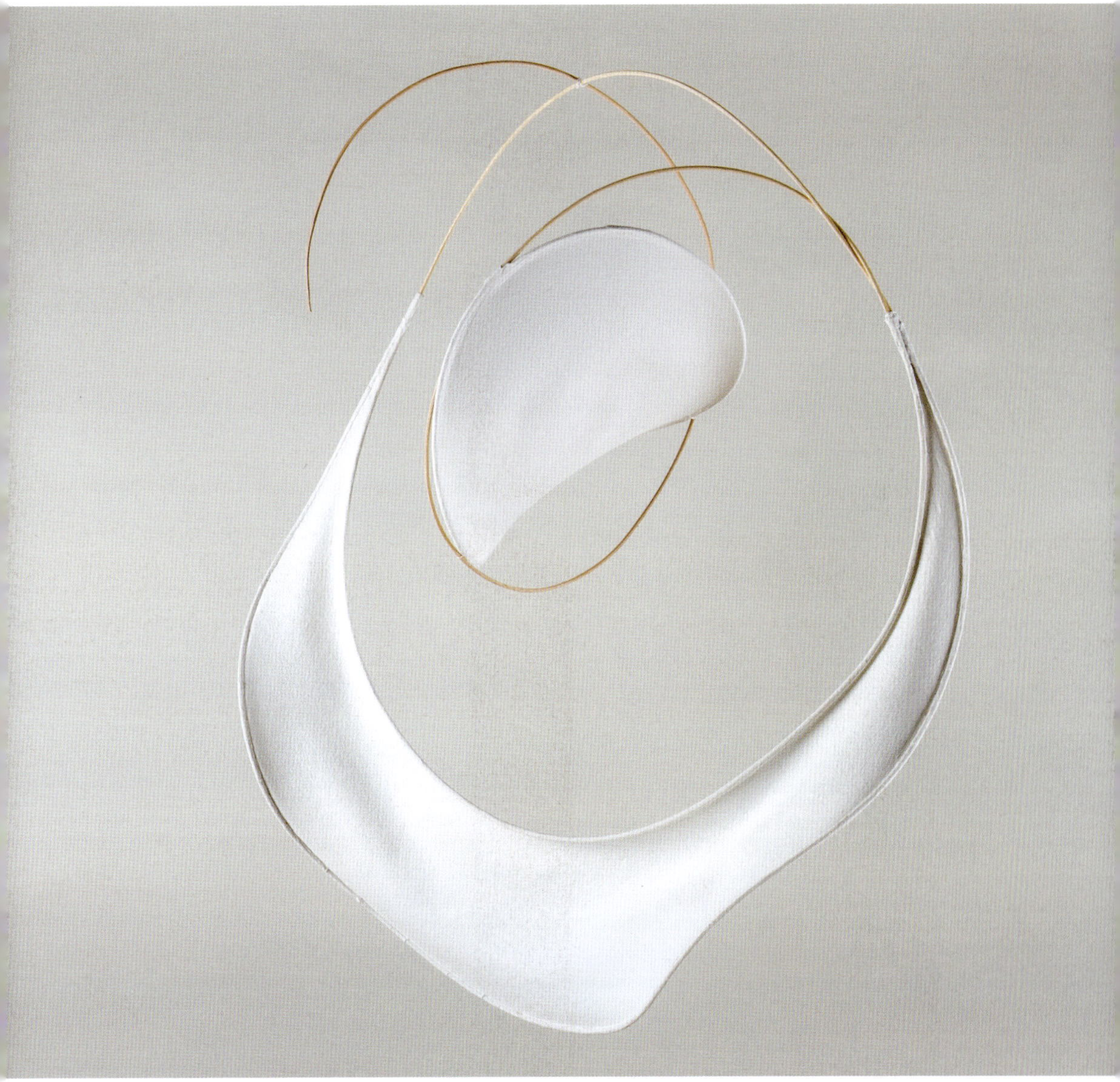

Traudel Stahl: Bewegtes Papier #5, 50 x 70 x 23 cm,
handgeschöpftes Papier aus Baumwolle, Peddigrohr

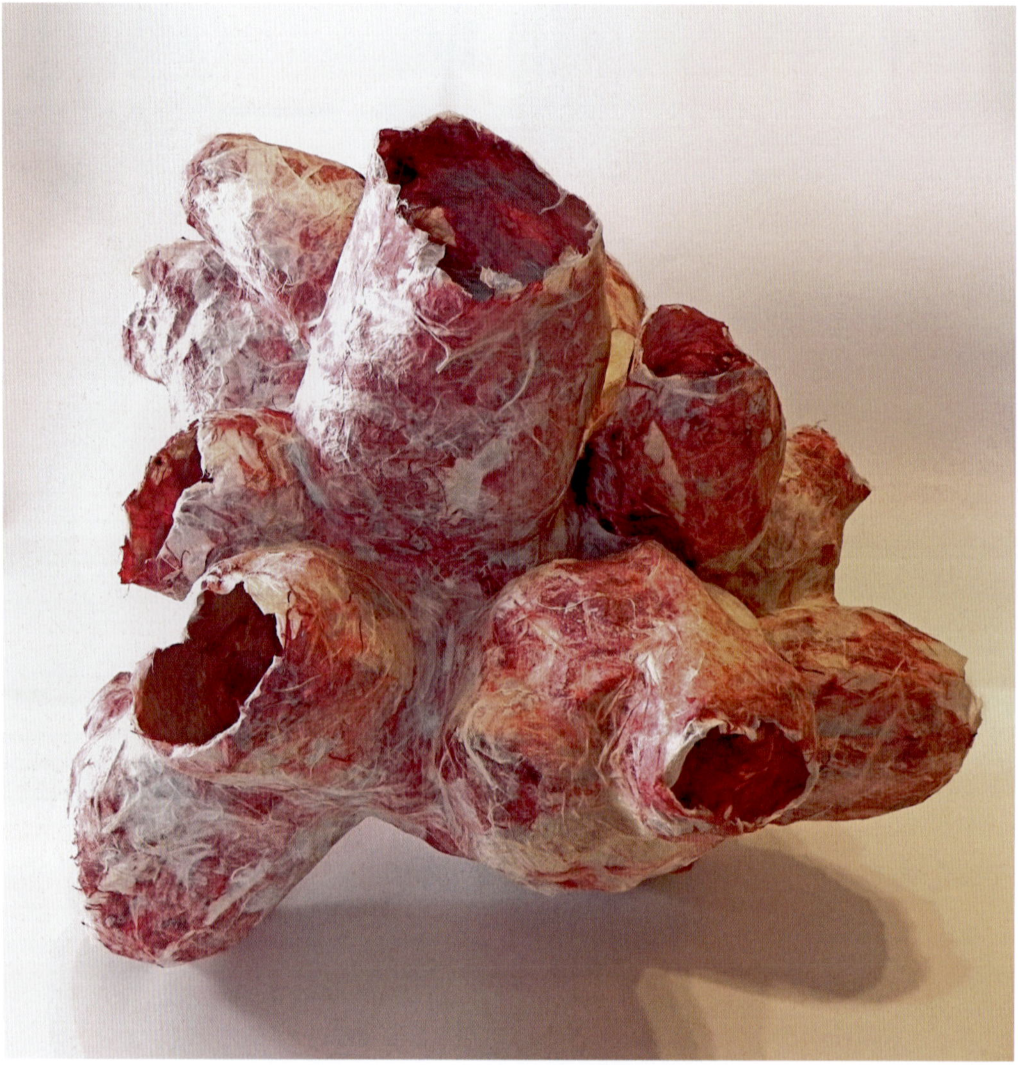

Eva Gora: Seepocke, ca. 40 x 50 cm, handgeschöpftes Papier

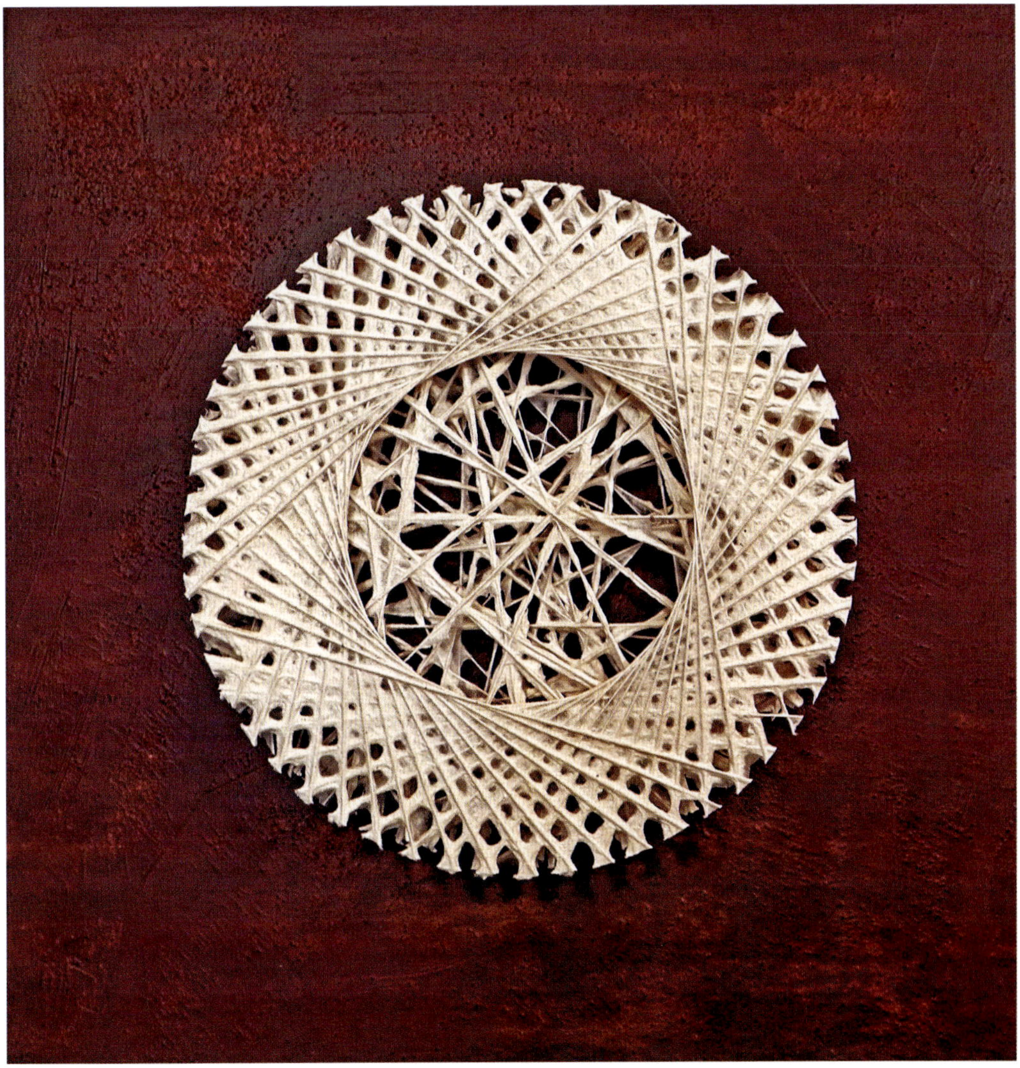

Eva Gora: Ordnung und Chaos, ca. 40 x 40 cm, Fasern der Maulbeerrinde, auf Fäden geschöpft, neu angeordnet und aufgeschichtet, auf Leinwand

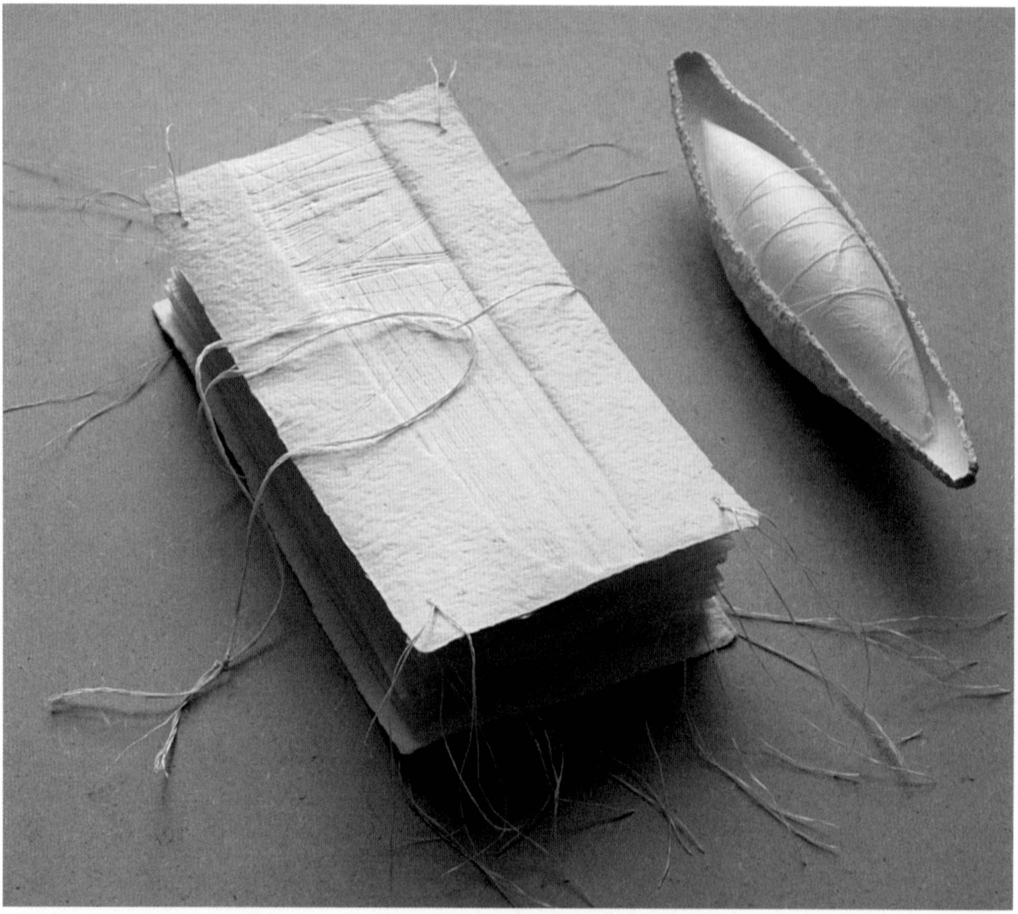

Marlis Maehrle: Faltbuch, 22 x 12 x 4 cm, handgeschöpfte und geprägte Deckel aus Aquarellkartonresten, gecrashtes Seidenpapier und japanischer Papierfaden
Papierschote mit durchscheinendem Objekt, 5 x 5 x 22 cm, Pulpe aus Aquarellkartonresten, Japanpapier, japanischer Papierfaden

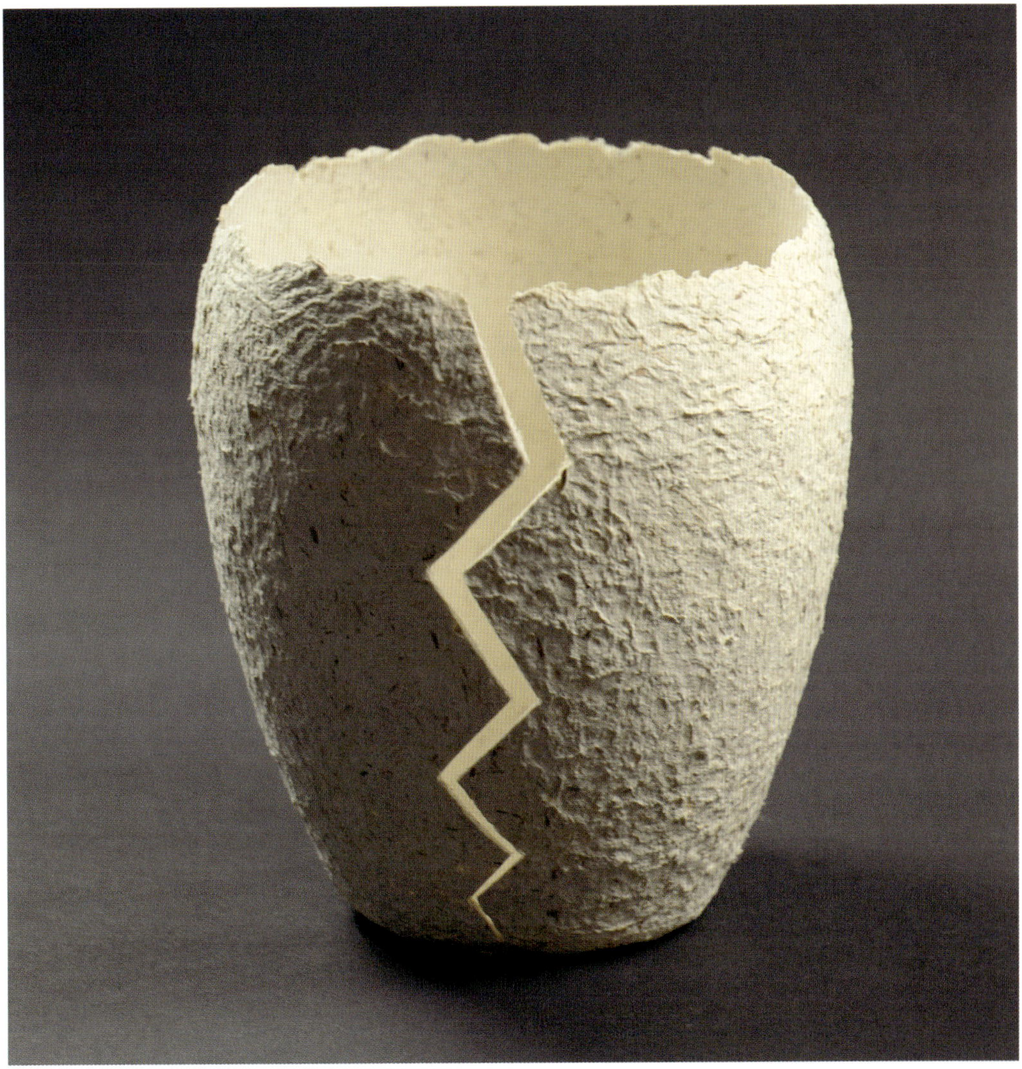

Marlis Maehrle: Gefäßobjekt, 22 x 11 cm, Papierpulpe aus Strohfasern

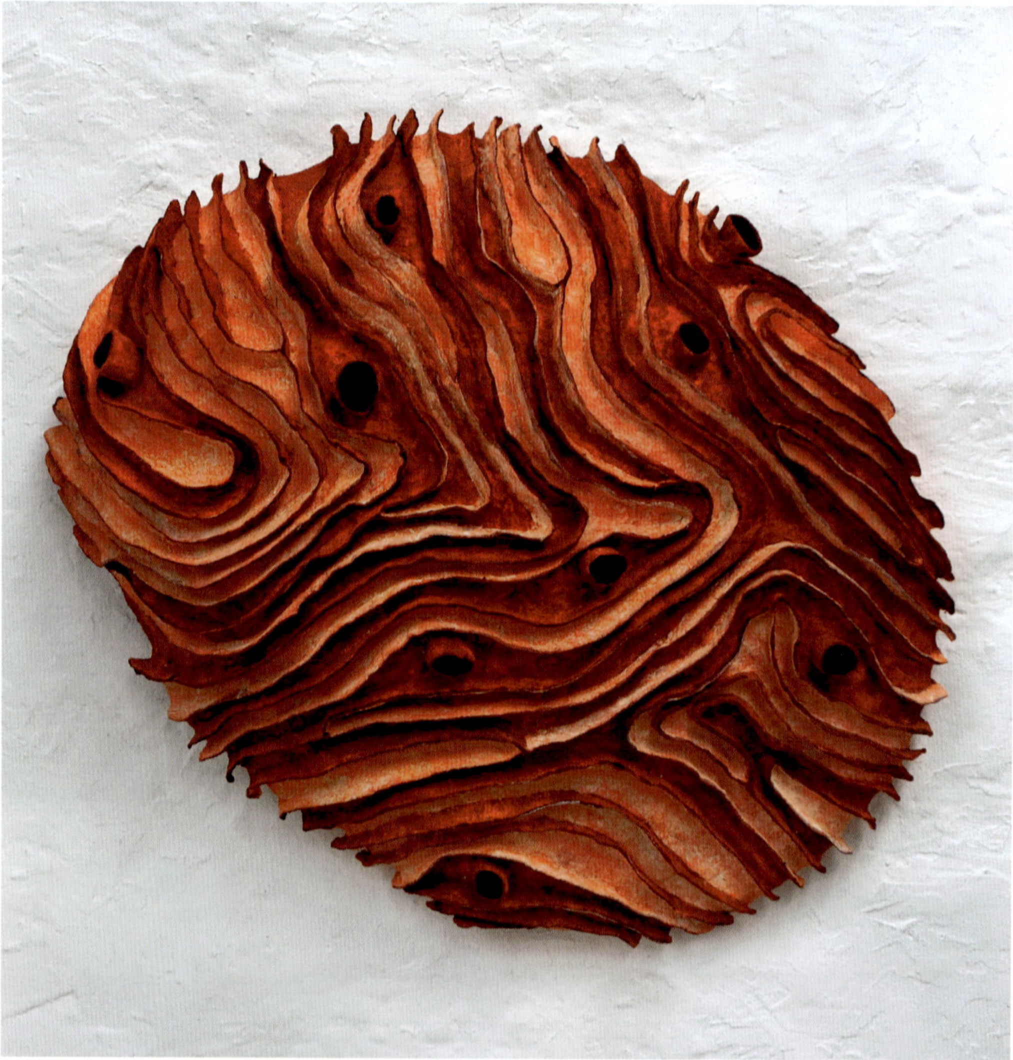

Alexandra Deutsch: o. T., 2023, 51 x 58 x 18 cm, geschöpftes Papier, Pigmente, Beize

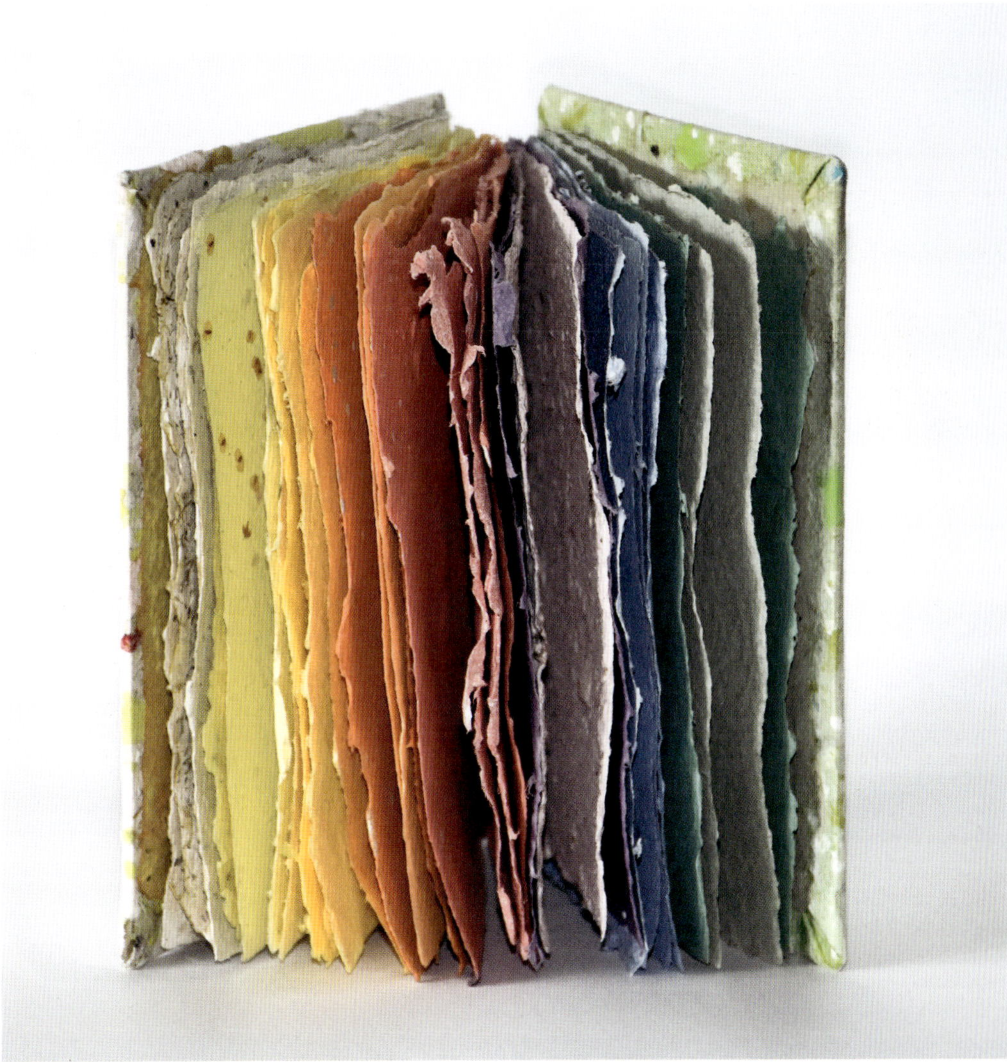

Tabea Heinicker: Regenbogenbuch, 11,2 x 15,5 x 4 cm, handgeschöpftes farbiges Papier mit Natureinschlüssen, mit koptischer Bindung zum Buch gebunden

KURZBIOGRAFIEN der Künstlerinnen

Traudel Stahl
Nach dem Designstudium arbeitete Traudel Stahl als freiberufliche Grafik-Designerin. Der innige Bezug zu Papier war also immer schon da. Mit ihrer Papierkunst bewegt sie sich vom zwei- in den dreidimensionalen Raum.
Mit Papierpulpe aus verschiedenen Pflanzenfasern und Naturmaterialien entstehen luftig leichte, zarte Objekte. Das Nichts wirkt mit, Luft ist Bestandteil der Kunstwerke, die durch ihre organischen Formen überraschen. Regelmäßig reisen Traudel Stahls Werke um die Welt und werden in internationalen Ausstellungen für Papierkunst präsentiert.
www.traudelstahl-papierkunst.de

Eva Gora
Seit vielen Jahren arbeitet Eva Gora mit handgeschöpften Papieren und stellt Skulpturen aus Naturpapieren her. Mithilfe eines Künstlerstipendiums des Landes Nordrhein-Westfalen konnte sie unter anderem ein Pflanzenpapier-Projekt verwirklichen, bei dem so interessante Papiere wie Rotkohl-, Forsythien- oder Blaukissenpapier entstanden. Eva Gora betreibt zudem einen Papierkunst-Laden in Tecklenburg.
www.evagorapapier.de

Marlis Maehrle
Marlis Maehrle arbeitet freiberuflich als Buchgestalterin für Verlage und ertüftelt in ihrer Papierwerkstatt Unikatbücher und zarte Objekte, die für sie ein notwendiges Gegengewicht zur digitalen Welt darstellen.
Seit 1995 gibt sie Workshops zu Papier- und Buchthemen, 2009 brachte ein Stipendium sie für drei Monate nach Japan in das Papierdorf Mino, mit dem sie weiterhin eng verbunden ist.
Im Haupt Verlag hat Marlis Maehrle die Bücher „Papier-Atelier", „Unikat", „Art in a Box" und „Blaue Wunder" veröffentlicht.
www.papierzeichen.de

Alexandra Deutsch
Handgeschöpftes Papier ist neben Stoff das von Alexandra Deutsch bevorzugte Material. Sie erschafft damit plastische Objekte, die an Meereslebewesen, exotische Pflanzen oder Insektenleiber erinnern. Kennzeichnend sind eine leuchtende Farbigkeit und Fragilität der Objekte.
Alexandra Deutsch studierte Bildende Kunst an der Johannes-Gutenberg-Universität in Mainz, sie lebt und arbeitet in Wiesbaden. Ihre Kunstwerke sind in zahlreichen Einzel- und Gruppenausstellungen im In- und Ausland zu sehen.
www.alexandra-deutsch.de

Tabea Heinicker
Tabea Heinicker studierte Visuelle Kommunikation an der Bauhaus-Universität in Weimar, arbeitet als selbstständige Designerin und gibt kreative Onlinekurse. Sie zeichnet mit unverkennbarem Strich, hat die kalligrafische Handschrift für sich entdeckt und ist eine Worterfinderin. Zusammen mit Michaela Müller hat sie im Haupt Verlag das Buch „Schöne Post" veröffentlicht.
www.tabeaheinicker.de

Verwendete LITERATUR

Dardel, Kathrin
Kreatives Papierschöpfen
Pflanzenpapiere, Recyclingpapiere, farbige Papiere
Haupt Verlag, Bern, 2002

Hartel, Traudel
Papierschöpfen
Technik, Färben, Gestalten
Urania-Ravensburger, Berlin, 1999

LaFosse, Michael G. und Alexander, Richard L.
Origami
Schmuck aus gefaltetem Papier
WS White Star Verlag, Novara, 2015

Maehrle, Marlis
Unikat
Handgemachte Bücher binden & gestalten
Haupt Verlag, Bern, 2016

Müller, Michaela
Bunte Bücher
Muster gestalten, Einbände drucken, Bücher binden
Haupt Verlag, Bern, 2017

Müller, Michaela
Stoff trifft Papier
Textile Bücher und andere Verbindungen
Haupt Verlag, Bern, 2019

Paetel, Roswitha
Papier, Pappe, Pulp
Kreatives Gestalten mit Kindern
Haupt Verlag, Bern, 2018

Reimer, Mary und Reimer-Epp, Heidi
300 Papierrezepte
Kreative Ideen zum Papierschöpfen
2. Auflage
Haupt Verlag, Bern, 2011

VORLAGEN und FALTSCHRITTE

Tüte, Seiten 84/85

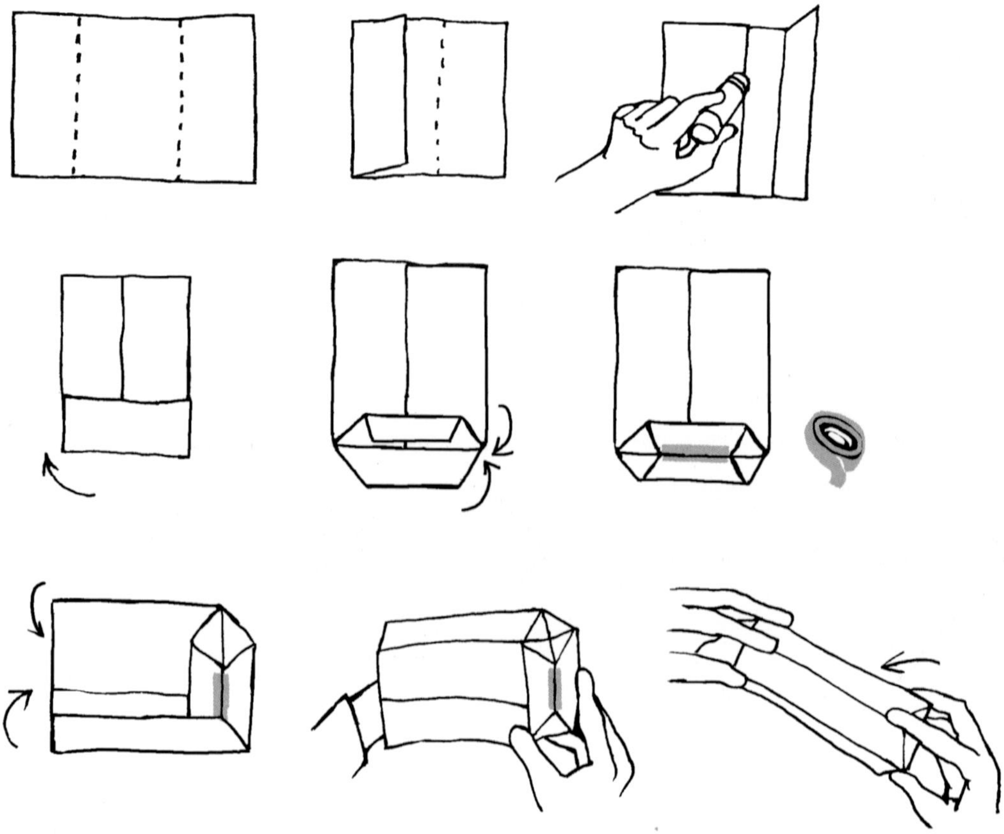

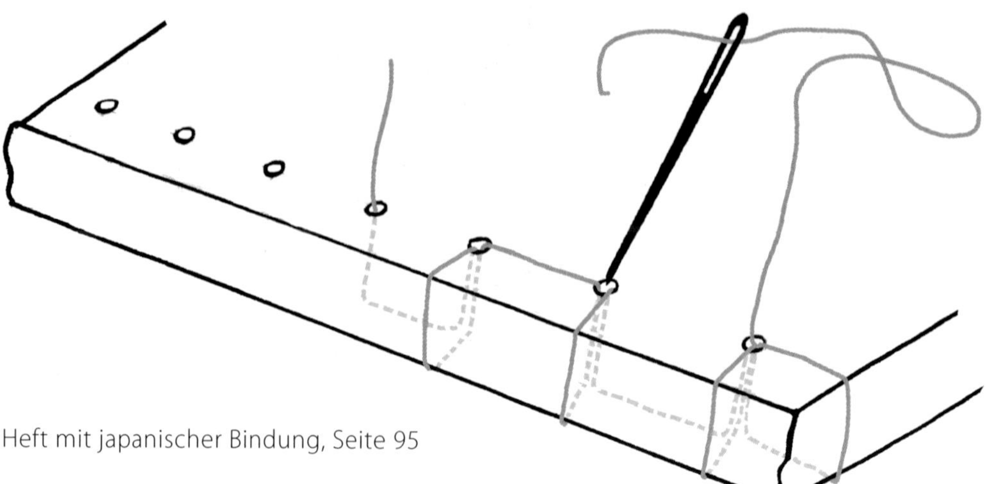

Heft mit japanischer Bindung, Seite 95

Quadratperlen, Seite 91

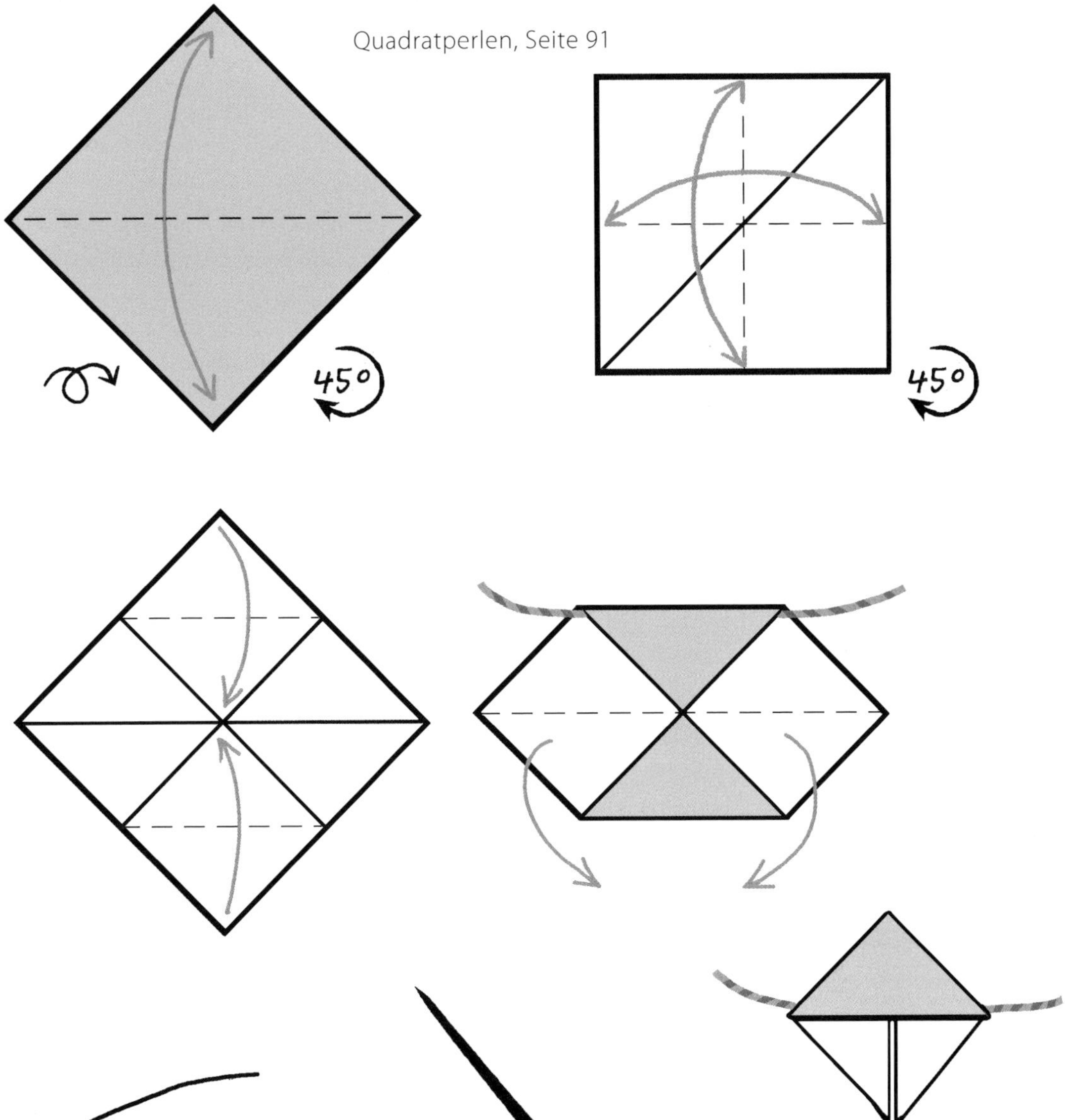

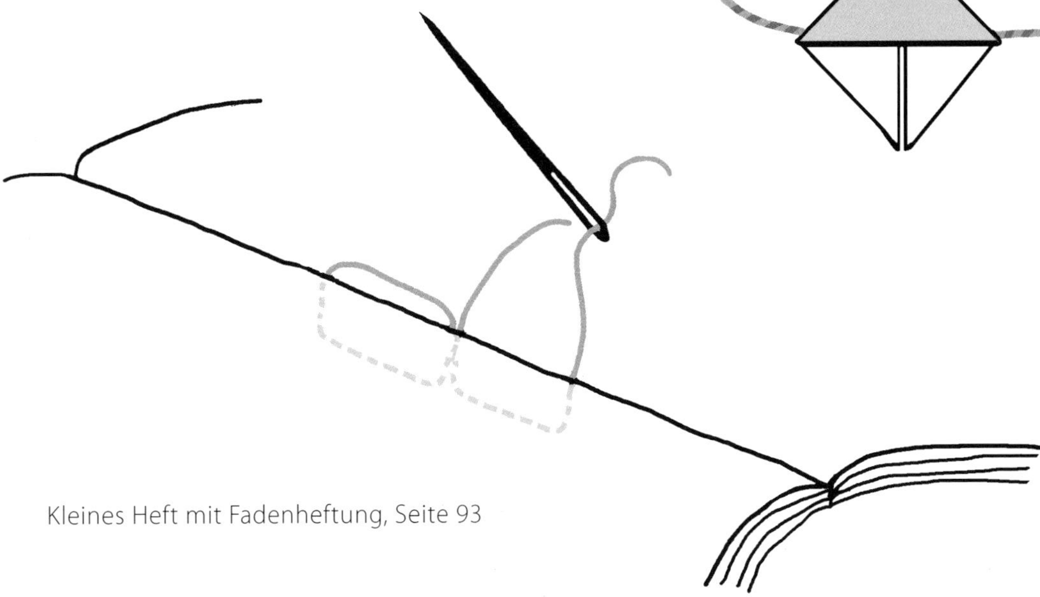

Kleines Heft mit Fadenheftung, Seite 93

Kuvert, Seite 77
(Vorlage 138 % vergrößern)

STICHWORTVERZEICHNIS

IMPRESSUM

1. Auflage: 2024

ISBN 978-3-258-60283-7

Projekte: Eva Hauck und Dorina Tessmann
Texte: Eva Hauck
Zeichnungen: Dorina Tessmann
Fotos: Uli Staiger/die licht gestalten und
Dorina Tessmann (S. 2, 4, 6, 13, 17, 18, 19, 21, 22, 23, 38, 46, 48, 49, 52, 54, 55, 56, 58, 59, 60, 62, 63, 66, 68, 69, 70, 72, 73, 99), D-Berlin
Fotostyling: Eva Hauck und Dorina Tessmann
Galeriefotos: Traudel Stahl (S. 114, 115), Eva Gora (S. 116, 117), Marlis Maehrle (S. 118, 119), Alexandra Deutsch (S. 120), Tabea Heinicker (S. 121)
Lektorat: der springende punkt, D-Berlin,
www.derspringendepunkt.de
Umschlag, Gestaltung und Layout:
Susanne Nöllgen/GrafikBüro, D-Berlin

Wir drucken mit mineralölfreien Farben und verwenden zertifiziertes FSC®-Papier. FSC® sichert die Nutzung der Wälder gemäß sozialen, ökonomischen und ökologischen Kriterien.

Gedruckt in Slowenien

MIX
Papier | Fördert gute Waldnutzung
FSC® C106600

Diese Publikation ist in der Deutschen Nationalbibliografie verzeichnet.
Mehr Informationen dazu finden Sie unter
http://dnb.dnb.de.

Der Haupt Verlag wird vom Bundesamt für Kultur für die Jahre 2021–2024 unterstützt.

Wir verlegen unsere Bücher mit Freude und großem Engagement. Daher freuen wir uns immer über Anregungen zum Programm und schätzen Hinweise auf Fehler im Buch, sollten uns welche unterlaufen sein.

www.haupt.ch

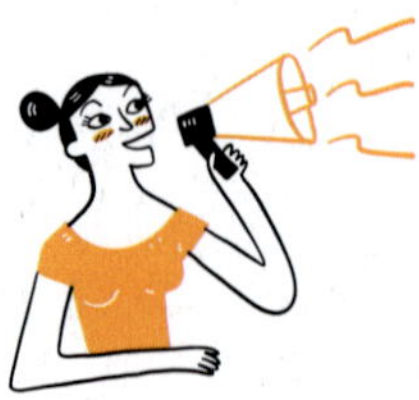

© Shutterstock, Huza Studio

Sie möchten nichts mehr verpassen?

Folgen Sie uns auf unseren Social-Media-Kanälen und bleiben Sie via Newsletter auf dem neusten Stand.

www.haupt.ch/informiert